LAZERES

Para fazer melhor é preciso compreender

Dados Internacionais de Catalogação na Publicação (CIP)
(Jeane Passos de Souza – CRB 8ª/6189)

Santos, Rosana Fernandes dos
Lazeres: para fazer melhor é preciso compreender / Rosana Fernandes dos Santos, Reinaldo Pacheco. – São Paulo: Editora Senac São Paulo, 2018.

ISBN 978-65-5536-325-8 [Venda internacional]

1. Lazer 2. Tempo Livre : Trabalho 3. Lazer : Mercado de trabalho 4. Lazer : Perfil do profissional I. Pacheco, Reinaldo. II.Título.

18-811s CDD – 306.48
BISAC SOC026000

Índice para catálogo sistemático:

1. Lazer 306.48

ROSANA FERNANDES DOS SANTOS · REINALDO PACHECO

LAZERES

Para fazer melhor é preciso compreender

EDITORA SENAC SÃO PAULO – SÃO PAULO – 2018

Gerente/Publisher: Jeane Passos de Souza (jpassos@sp.senac.br)
Coordenação Editorial: Luís Américo Tousi Botelho (luis.tbotelho@sp.senac.br)
Dolores Crisci Manzano (dolores.cmanzano@sp.senac.br)
Administrativo: grupoedsadministrativo@sp.senac.br
Comercial: comercial@editorasenacsp.com.br

Edição e Preparação de Texto: Vanessa Rodrigues
Coordenação de Revisão de Texto: Luiza Elena Luchini
Revisão de Texto: Daniela Paula Bertolino Pita
Projeto Gráfico: Marcio S. Barreto
Ilustrações: Freepik (miolo), Getty Images (capa)

Editora Senac São Paulo
Rua 24 de Maio, 208 – 3º andar – Centro – CEP 01041-000
Caixa Postal 1120 – CEP 01032-970 – São Paulo – SP
Tel. (11) 2187-4450 – Fax (11) 2187-4486
E-mail: editora@sp.senac.br
Home page: http://www.livrariasenac.com.br

SUMÁRIO

NOTA DO EDITOR

A relação do homem com seu tempo livre é campo fértil para estudos. Parte deles vê o lazer por uma vertente funcionalista: uma forma de compensação das dificuldades cotidianas, servindo à reposição de forças para o trabalho, à diversão e ao desenvolvimento. Outras correntes de pensamento buscam mostrar a importância do ócio, ressaltando como ele é visto de forma pejorativa: é comum que alguém, ao receber a clássica pergunta "O que você fez em suas férias?" e responder "Nada!", cause espanto em seu interlocutor. Como se fosse esperado que o tempo devesse ser sempre preenchido com uma atividade.

Esta obra traz para o leitor essas diferentes visões e apresenta outras teorias que, embora surgidas no século XX, ainda hoje podem nortear uma "pauta" de lazer quando assim for requerido. O diferencial está na forma como esse aporte teórico é apresentado: sempre articulado com o tempo presente, por meio de exemplos práticos e com uma descrição objetiva do mercado de trabalho. Os autores também não deixam de inserir, no caldeirão de fatores a serem levados em conta pelo profissional, os diferentes perfis do público e o fato de algumas vezes eles estarem presentes em um mesmo evento.

Esse conteúdo, que a todo momento relaciona as teses com as práticas, propicia visualizar que não existe um lazer "melhor" ou "pior"; o que há são opções diferenciadas. Temos um lazer de consumo, que fundamenta uma rede de trabalho no setor de serviços, assim como existe uma rede de lazeres que promovem um posicionamento mais reflexivo quanto à realidade na qual se inserem.

Como instituição de referência no mundo do trabalho, o Senac São Paulo traz, com este livro, uma contribuição de valor não só para profissionais de lazer – e de áreas relacionadas – como também a todos os interessados em comportamento humano.

PREFÁCIO

A função de um prefácio é mostrar a importância do tema abordado e, caso não seja escrito pelo autor, mas por um terceiro, como agora, apresentar o autor (no caso, os autores) e sua contribuição original.

Comecemos com o tema. É relevante? Justifica a leitura? Ao final do século XX, muito se falou sobre o advento do lazer como prioridade da civilização no milênio que se iniciava.

Vários autores contribuíram para essa assertiva. Alguns clássicos voltaram à discussão. Paul Lafargue e seu *O direito à preguiça*; Thorstein Veblen e *A teoria da classe ociosa*; Johan Huiziga e seu *Homo ludens*; Georges Friedmann e *O trabalho em migalhas*; David Riesman e *A multidão solitária*, todos inspirando o trabalho fundador de Joffre Dumazedier e sua sociologia do lazer.

Entre nós, mais recentemente, Domenico de Masi espantou-se com o sucesso de suas teses sobre o lazer. Ele, até então um sociólogo do trabalho, mostrou como o tempo livre, mais do que um subproduto do trabalho, é condição de sobrevivência do próprio trabalho. O sucesso de suas teses foi tal que teve de se desdobrar para escrever vários livros sobre o lazer (que ele chamava de ócio) a toque de caixa para atender ao leitor brasileiro, claramente ávido de informações sobre o tema. Michel Maffesoli também obteve enorme repercussão ao escrever que o reinado de Prometeu e do trabalho tinha chegado ao fim e que a civilização contemporânea definitivamente estava escolhendo a sombra de Dioniso, o deus da dança, do sexo e do vinho. A seu ver, o mundo entrava na era do lúdico.

O lazer parecia, assim, a chave do futuro profissional para os jovens que chegavam à universidade. Ninguém duvidava de que, como a necessidade de trabalho humano diminuía, o futuro da empregabilidade estava no lazer e no turismo. Com isso, os cursos da área lotaram, e, na falta de professores, recém-formados, com os diplomas ainda frescos na mão, passavam direto à docência. Depois veio a ducha de água fria da realidade. Os empregos não apareceram no volume que se esperava. Continuavam sendo poucos, sazonais e mal remunerados.

Como entender a situação? As previsões estavam erradas? Essa tese do lazer dominante era um engodo? De forma alguma! Para dar conta da situação, é importante compreender como os fatos se sucederam vertiginosamente nos últimos cinquenta anos. Mas como entender que as maiores fortunas e as maiores empresas do mundo estão diretamente ligadas ao lazer dos indivíduos – mídia, cinema, redes sociais, etc.? Se os empregos não apareceram no volume esperado, o que poderíamos chamar de ideologia do lazer espalhou-se por todos os campos da vida social. Por que é uma ideologia? Porque o lazer "inútil" passou a inspirar as esferas do "útil": do trabalho, da família, da religião e da política. A começar do trabalho!

O que é hoje um bom chefe? É o tipo autoritário de antigamente? Não! É o que sabe equilibrar a responsabilidade por metas com a criação de um ambiente... lúdico! "Minha equipe funciona como um time de futebol", diz o chefe orgulhoso de hoje, sem perceber que sua frase pode ser lida de outro modo: "O melhor que se pode fazer para criar um ambiente de trabalho produtivo é torná-lo o mais parecido com uma atividade de lazer". Em outras palavras, ainda: antigamente, um chefe podia imaginar um bom resultado com medidas draconianas, mantendo os subordinados à base do medo que inspirava. Podia obrigar o indivíduo a trabalhar voltado para a parede sem contato com os colegas, longe das janelas para não se distrair. Hoje, isso é impossível! O mundo fora do trabalho respira a busca de Dioniso, como disse Maffesoli. Os valores do lazer invadiram irreversivelmente o mundo do trabalho, e o escritório do Google, que mais parece um parque temático, é bem o ícone dos novos tempos. O fato de as empresas exigirem dos candidatos a emprego, principalmente executivos, um currículo de lazer é, sem dúvida, mais um sintoma dos novos tempos.

Na esfera familiar, ocorreu fenômeno semelhante. Onde foi parar o poder dos pais, que chegaram a ter até direito de vida e morte sobre os filhos? A hierarquia pais-filhos foi derrubada em favor de uma convivência mais democrática, como ocorre nos ambientes de... lazer!

Com os cultos religiosos, ocorre a mesma coisa. O que é a "aeróbica do Senhor" do padre Juarez de Castro? Ou como entender o apelo das missas cantadas e dançadas do padre Marcelo Rossi senão a aceitação de um ritual religioso mais lúdico, confraternizado, ou, para voltar ao nosso tema, a aceitação dos valores do lazer no universo, até então proibido, do sagrado?

Na esfera da política partidária, fato semelhante ocorreu com os "showmícios", hoje proibidos, mas cujo surgimento trouxe em si a mensagem de que as reuniões políticas são chatas e incapazes de concorrer com o lazer. Por que, então, não as tornar mais lúdicas? Por que não entremear as falas repetitivas e aborrecidas dos candidatos com o *show* de cantores apreciados pelo público?

Gilberto Freyre já disse que o Grande Hotel esteve para o século XIX como a catedral gótica para a Idade Média. Hoje, podemos dizer que os empreendimentos de lazer são os novos marcadores e demarcadores do espaço urbano, e não deixa de ser curioso notar que, na Europa cada vez mais secularizada, igrejas góticas transformam-se em hotéis, danceterias e outros espaços de lazer.

Em resumo: o lazer impregnou a sociedade, ainda que esta não tenha conseguido traduzi-lo ainda em postos de trabalho. Em outras palavras: o fato de os empregos ligados ao lazer não terem a necessária visibilidade significa apenas que estudar esse tema é importante muito além da simples busca de trabalho. Estudar o lazer hoje é entender como funciona a sociedade moderna. Um estudioso do lazer é alguém disposto a enfrentar toda a trama do cotidiano nas inúmeras interfaces pelas quais ele é estudado.

Naturalmente, isso torna muito mais complicada a tarefa de quem escreve sobre o tema. Principalmente, para quem, como aqui, escreve um manual, um compêndio sobre o lazer. Esse desafio obriga o autor a entender não apenas de lazer, mas de trabalho, de educação, de meio ambiente, de urbanismo.

E quanto aos autores? Comecemos por Reinaldo Pacheco. Preferia falar muito mais de suas qualidades humanas de capacidade de escuta, de interação com os alunos, de caráter, de integridade, mas cumpre aqui falar de seu mérito acadêmico. Ele tem uma dupla graduação (educação física e ciências sociais), além de especialização em lazer sob a orientação de Nelson Carvalho

Marcellino, mestrado e doutorado em educação, sem falar da formação complementar, também ampla. É, assim, um dos estudiosos brasileiros mais preparados para explicar o lazer muito além do senso comum que o situa no contexto dos temas acessórios, colocando-o no centro da discussão sobre os principais problemas sociais e culturais da atualidade.

Rosana Fernandes dos Santos, por sua vez, tem seu currículo mergulhado no tema, com graduação em lazer e turismo e mestrado em estudos culturais. Fez um excelente trabalho de redação e pesquisa de fundo para o livro.

Assim, se o leitor tiver, como eu, o hábito de começar a leitura analisando as referências bibliográficas utilizadas, haverá de se perguntar sobre esta obra: o que Adorno, Horkheimer, Ariès, Caillois, Castres, Da Matta, De Masi, Dumazedier e tantos outros têm em comum? Esse foi o desafio dos autores: tentar extrair de cada campo do conhecimento – sociologia, antropologia, história, geografia, ecologia, filosofia, entre outros – elementos para compreender a importância do lazer no mundo moderno. O livro mostra que o lazer não está confinado às dimensões mais secundárias do cotidiano. Ao contrário, mostra que em qualquer campo da atividade humana pode-se desvelar uma dimensão do lazer. Pode-se muito bem discordar aqui e ali das assertivas colocadas, mas sempre atentando para as novas dimensões de análise levantadas.

O livro é recomendado a todos os que querem se informar sobre o lazer. Uma espécie de *Vade Mecum*.

Mais do que apenas para os alunos de cursos da área, é uma obra importante para todos os indivíduos de todas as profissões que, de alguma forma, estão ligadas ao cotidiano dos indivíduos, levando-os sempre a se perguntarem: de que forma o trabalho que faço pode ser mais lúdico e, de alguma forma, melhorar não apenas a minha qualidade de vida como a de todos os que desfrutam do meu trabalho?

Luiz Octávio de Lima Camargo é livre-docente do curso de Lazer e Turismo da Escola de Artes, Ciências e Humanidades da Universidade de São Paulo (EACH/USP) e doutor em Sciences de l'Éducation pela Universidade Paris V Descartes (Paris 5).

AGRADECIMENTOS

Pela grandeza de nos terem permitido a DÁDIVA da vida.

Por terem sabido despertar o melhor em nós, por meio da educação.

Por comprarem livros mesmo quando escasseava o pão.

Para Ruth e Gerolino nas memórias de Rosana.

Para Hermínia, de corpo e alma, e para Geraldo nas memórias de Reinaldo.

NOSSA ETERNA GRATIDÃO!

acabou a hora do trabalho
começou o tempo do lazer
você vai ganhar o seu salário
pra fazer o que quiser fazer

Arnaldo Antunes/Dadi, "Se assim quiser"

Capítulo 1

O TRABALHO E O LÚDICO: CAMINHO HISTÓRICO ATÉ O SURGIMENTO DO LAZER

O lazer sempre existiu? Qual a diferença entre o lúdico e o lazer? O comportamento lúdico é inerente ao ser humano. O lazer, no entanto, é um fenômeno social identificado após a Revolução Industrial.[1] A partir desse período histórico, o trabalhador vende sua força de trabalho e, por meio de duras lutas, conquista o direito a um tempo remunerado de não trabalho, disponível para a manutenção da vida (alimentar-se, dormir, comer etc.) e para as obrigações sociais, políticas, religiosas. Nessa configuração, deve sobrar-lhe ainda um tempo para o lazer.

Ao observarmos as sociedades primitivas caracterizadas por uma economia de subsistência, ficamos propensos a classificá-las em razão de suas ausências e, assim, entendemos que não possuíam Estado, escrita, excedente de produção ou mesmo história. Essa é uma visão preconceituosa e etnocentrista,[2] pois medimos as sociedades antigas pela régua de nossa própria história civilizatória. Essas sociedades, no entanto, constituíram-se baseadas em relações que dispensavam a ordenação do Estado e, por isso mesmo, a necessidade de produção de excedentes

---

1 Período situado entre 1780 e 1860, aproximadamente, e que pode ser entendido como promotor de profunda mudança nos processos produtivos em função da maquinaria.

2 O etnocentrismo é um conceito usado na antropologia para se referir à situação em que uma pessoa ou um grupo de pessoas consideram seu grupo étnico o centro de tudo. Essas pessoas desconsideram a lógica de funcionamento de outras culturas ou sociedades.

para comercialização e o trabalho. Eles não subsistiam no limite de sua capacidade de produção, mas existiam em um harmonioso equilíbrio entre o trabalho necessário para a produção de suas vidas e as atividades lúdicas que lhes guardavam relações prazerosas com o meio e seus pares (CLASTRES, 2012).

O caso dos tupis-guaranis sul-americanos pode exemplificar essa constituição das sociedades primitivas. Observando-os, percebemos que se dedicavam à agricultura, à coleta, à caça e à pesca. Dessas atividades, a que lhes gerava trabalho era a agricultura. Como técnica, utilizavam uma mesma área por quatro a seis anos, a qual posteriormente era abandonada por seu esgotamento ou mesmo porque não davam conta de eliminar as ervas daninhas que se instalavam no local. O trabalho real desses índios consistia no preparo da terra no fim da estação chuvosa. A semeadura, o trato e a colheita eram trabalhos femininos. Assim, os homens trabalhavam durante um ou dois meses (tempo necessário para preparar a terra para o plantio). Já a caça e a pesca eram atividades prazerosas e não consideradas trabalho pelos índios, e, portanto, felicidade geral, os homens trabalhavam cerca de oito meses em um período aproximado de cinco anos.

Estudos levam a entender que, preservadas as diferenças ecológicas e regionais, as demais populações primitivas tinham essa mesma relação com o trabalho.

Pode-se considerar que, longe de uma economia de subsistência – a qual pressupõe que esses povos trabalhavam apenas para sobreviver –, elas optaram por trabalhar tão somente o necessário para o seu bem viver e gozar das demais horas para o seu prazer.

A questão que se pode formular é: para que trabalhariam até se estafarem, para produzir um excedente desnecessário, se poderiam utilizar essas horas em proveito próprio, com atividades que lhes dessem prazer? Algum excesso era produzido, sim, mas para suprir uma necessidade de consumo social, ou seja, nas festas. Logo, para mais atividades prazerosas e lúdicas.

HOMEM, SER LÚDICO POR NATUREZA

O lúdico sempre existiu, compreendendo todas as categorias das brincadeiras, dos jogos e dos brinquedos. As apropriações que o homem fez das atividades lúdicas é que se alteraram com o tempo.

De acordo com o dicionário *Aurélio*, o conceito de lúdico pode ser expresso como um adjetivo que faz referências a jogos ou brincadeiras e que busca o divertimento acima de qualquer propósito. É o fazer algo simplesmente pelo prazer de fazer (FERREIRA, 2010).

O termo "lúdico" vem do latim *ludus* e, apesar de ser um adjetivo, é usado comumente de maneira substantivada, indicando algo que possua o sentido do brincar, que é inerente à natureza humana, que humaniza o homem. O lúdico é de sua constituição, o que pode ser constatado nas danças, pinturas e outras manifestações artísticas dos povos primitivos.

Pinturas rupestres: expressão do lúdico

As pinturas rupestres, encontradas em cavernas, são exemplo de atividade lúdica exercida pelo homem desde os tempos mais remotos. No Brasil, o principal sítio de manifestações de arte rupestre é o Parque Nacional da Serra da Capivara (Piauí), Patrimônio Mundial referido pela Organização das Nações Unidas para a Educação, a Ciência e a Cultura (Unesco) como o maior e um dos mais estudados acervos do continente americano. São 173 sítios arqueológicos abertos à visitação.[3]

Ao longo da história, a relação do lúdico com o homem passou por alterações, recebeu influências externas e interferiu nas diversas fases do processo civilizatório. Neste livro, serão apresentados alguns desses momentos em que o homem se apropriou do lúdico e alterou sua relação com o prazer, que de algo idealizado passou a ser influenciado por ordenamentos decorrentes da organização da sociedade.

3 Ver http://www.icmbio.gov.br/portal/visitacao1/unidades-abertas-a-visitacao/199-parque-nacional-da-serra-da-capivara. Acesso em 21/6/2018.

TRABALHO, ÓCIO E LÚDICO NA ANTIGUIDADE CLÁSSICA

Na Antiguidade clássica greco-romana, o homem que trabalhava[4] e o homem que brincava[5] eram indivíduos diferentes: o homem que trabalhava era o escravo, e não lhe era dada a condição do exercício do lúdico. O homem que criava, que se divertia e que exercia a condição de se desenvolver por meio da expressão do lúdico era o homem livre.

Nesse período, o trabalho tornava indigno aquele que o praticava. Já o ócio possibilitava o desenvolvimento e a manifestação do lúdico. Ou seja, o homem grego livre não trabalhava, pois esta era uma atividade reservada a uma classe de indivíduos considerados não como cidadãos, mas como bens materiais passíveis de ser comercializados. A escravidão era vista como natural e indispensável, e cada cidadão grego possuía no mínimo um escravo. O sociólogo italiano Domenico De Masi, em *O ócio criativo*, aponta uma proporção de 40 mil homens livres para 300 mil escravos na Atenas de Péricles: 7,5 escravos para cada homem livre (DE MASI, 2000).

---

4 *Homo faber*: o homem que trabalha, que produz; dimensão da necessidade, do utilitário.

5 *Homo ludens*: o homem que brinca, que se diverte; dimensão da expressão, da criação.

Quanto mais escravos um homem possuísse, maiores eram o seu poder na hierarquia e as possibilidades de se dedicar ao ócio e, por consequência, ao desenvolvimento intelectual e espiritual. Esse tempo destinado à contemplação e a tal desenvolvimento, chamado de *skolé*, só era possível em virtude da estrutura escravocrata da sociedade grega.

Atenas constituía o centro cultural do mundo helênico e berço dos jogos olímpicos, realizados no monte Olimpo. Nesse contexto de efervescência cultural, apenas os homens livres podiam dar-se a esse prazer, a essa prática que, à revelia do que se possa pensar, requisitava uma sólida formação cultural do ateniense.

As questões tidas como menores, como o comércio ou a guerra, ficavam destinadas às classes inferiores. A educação era voltada a uma minoria preparada para governar. E aos guerreiros, artesãos, lavradores e comerciantes apenas um conhecimento parcial era transmitido, proporcional ao seu estrato social. A dimensão cultural representada por festas, jogos, divertimentos e comemorações sociais era intensamente vivenciada pela minoria livre.

Para o filósofo grego Aristóteles, o prazer é um sentido a mais que aumenta a vontade de viver. No entanto, ele é diferente para cada um. Dessa forma, aos gregos, alcançar a essência das coisas, dos fatos e das ideias consistia na verdadeira beleza e no ideal de vida, e isso só podia ser conquistado por meio da contemplação, do ócio.

O fim do apogeu grego e a ascensão do Império romano foram consonantes. Roma expandia seu domínio territorial, aumentava seu contingente de escravos e era também fortemente influenciada pela cultura helênica: a civilização, a literatura, a arte e a religião baseavam-se nos princípios gregos.

Destacavam-se na sociedade romana, de um lado, uma classe ociosa: os patrícios, cidadãos que ocupavam cargos políticos, religiosos e militares, aos quais se permitia o exercício do ócio; de outro, os plebeus e escravos, a quem era obrigado o trabalho. A ociosidade era dignificada e, por isso mesmo, reservada a uma seleta classe.

Em todas as cidades romanas predominava a política do "pão e circo". Banhos públicos, banquetes e festas, teatro, corridas de bigas e lutas de gladiadores eram muito apreciados pelo povo e sempre financiados pela classe dos notáveis. Havia quem criticasse essas "futilidades" – o político e filósofo Cícero era um deles.

Aos poucos, a escravidão foi perdendo força e substituída por outras relações de trabalho dependentes, motivadas tanto pelo alto custo dos escravos como pelo progresso tecnológico e também por influência do cristianismo.

Tempo livre para aprender

A política do "pão e circo" de Roma tinha nas lutas dos gladiadores seu expoente. Assim, o imperador literalmente distribuía alimento e diversão aos pobres, mantendo-os dessa forma sob controle. O filme *Gladiador* trata da história do general Máximo, comandante do exército romano e predileto do imperador Marco Aurélio. Sentindo-se traído, Cômodo, o ambicioso filho de Marco Aurélio, mata o pai e toma o trono. Reduzido a um escravo, Maximus esconde-se sob a identidade de um gladiador para vingar as mortes de sua família e do imperador assassinado.

Sugestão de filme

Gladiador (original: *Gladiator*). Direção: Ridley Scott, 2000.

Temos, assim, a Antiguidade clássica caracterizada pelo trabalho escravo e na qual o ócio se constituía em privilégio e comportamento lúdico de uma pequena classe. Aos poucos, o declínio do império greco-romano cedeu lugar à formação dos feudos e ao período conhecido como Idade Média.[6] Roma entrou em decadência com a invasão e o domínio pelos bárbaros, marcando o fim da Idade Antiga.[7]

6 Idade Média é o período da história localizado entre a Idade Antiga e a Moderna, que se iniciou com a queda do Império Romano do Ocidente, em 476 d.C., vigorando até a conquista de Constantinopla (1453) pelos turcos otomanos (VICENTINO & DORIGO, 2013).

7 A Idade Antiga, também chamada de Antiguidade, consiste no período da história situado entre a invenção da escrita (aproximadamente 4.000 a.C.) até a desagregação do Império Romano do Ocidente. Convencionalmente, é dividida em Antiguidade clássica ou ocidental (gregos e romanos) e Antiguidade oriental (civilizações egípcia e mesopotâmica, além dos fenícios, hebreus e persas) (VICENTINO & DORIGO, 2013).

LAZER, LÚDICO E LUDICIDADE

Para compreendermos a relação entre o lazer, o lúdico e a ludicidade, devemos antes entender ludicidade como a capacidade humana de expressão do comportamento lúdico. E entender, ainda, que a ideia de comportamento lúdico deriva do jogo, percebido de maneira ampla, tal como apresentado na literatura sociológica e na antropológica. Esses conceitos serão vistos aqui por meio dos clássicos estudos contidos nos livros *Homo ludens* (publicado pela primeira vez em 1938) e *Os jogos e os homens* (lançado em 1958), de Johan Huizinga e Roger Caillois, respectivamente.

Entende-se a tríade jogo/comportamento lúdico/ludicidade como um fenômeno básico do comportamento humano, que existe desde que o ser humano é humano e que vai continuar existindo para além desse tempo histórico no qual estamos inseridos. Esse fenômeno é observável nas práticas de lazer contemporâneas, comprimido dentro do tempo e do espaço do lazer, daí a importância de entendê-los.

JOHAN HUIZINGA

O filósofo holandês Johan Huizinga defendia a tese de que nós, humanos, somos eminentemente animais lúdicos e que esse comportamento é anterior à cultura, porque está presente em outros animais – como gatos e cães – e também nos animais de nossa escala evolutiva, como os símios (HUIZINGA, 2008). No entanto, no ser humano, as expressões lúdicas adquirem características peculiares. Ao exercer a ludicidade, ao transformá-la em atividades, o homem o faz atribuindo significado a essas práticas. Assim, Huizinga buscava discutir a natureza e o significado do comportamento lúdico como fenômeno cultural.

Em sua teoria, demonstrou que o comportamento lúdico está presente em atividades que ele chama de atividades arquetípicas humanas, as quais aparecem nos mais diferentes grupos humanos, épocas históricas e/ou arranjos sociais. Um exemplo é a linguagem, a qual, segundo Huizinga, é uma das práticas humanas que mais evidenciam o ser lúdico como atividade arquetípica. A linguagem tem uma representação importante no comportamento lúdico. Quando pensamos nas suas diversas formas, nas gírias, nas maneiras de falar e em outras formas de linguagem – como a música, as artes plásticas, o teatro, a literatura e a moda –, percebemos que a comunicação está entranhada de atividades lúdicas.

Com base na linguagem, Huizinga começou a mostrar que o comportamento lúdico não é bom ou mau; não comporta julgamento de valor. Quando se fala em lúdico no campo dos estudos do lazer, parece haver um equívoco por parte de muitos estudiosos e profissionais porque entendem o lúdico como necessariamente bom. Deve-se considerar que entre o bom e o mau há uma gradação, pois estamos tratando de um comportamento humano ligado a questões do prazer. Portanto, tratamos de uma questão muito mais complexa.

O que se apresenta como lúdico na perspectiva de determinado sujeito ou grupo social pode ser considerado estranho na perspectiva de outro. Até o ato de matar em determinados contextos histórico-sociais pode ter obedecido a uma lógica de prazer e, portanto, lúdica. Daí que Huizinga apresenta, nos capítulos de seu livro, as diversas manifestações do lúdico: na competição, no direito, na poesia, na filosofia e na guerra.

A ludicidade antecede a cultura, como já dito, porque os animais também brincam. Entretanto, ao brincar, fazem-no com determinada intensidade, buscando também uma forma de prazer instintivo, que é a essência do comportamento lúdico. Os seres humanos atribuem a esse "brincar" uma função significante, o que vale dizer que conferem sentido a esse comportamento. Transcendem o universo das necessidades instintivas e, ao transcendê-lo, transformam essa ação em algo que é cultural e não apenas biológico.

Os mitos e os cultos, inerentes às sociedades, possuem esse caráter de ludicidade. Os mitos tentam explicar os dilemas humanos, as origens e as próprias trajetórias dos grupos sociais e são essencialmente roteiros lúdicos. Os cultos possuem uma transcendência, um ritual realizado por prazer. Note-se, por exemplo, a entrega humana durante a participação em cultos religiosos.

Nesse sentido, o comportamento lúdico está presente em todas as manifestações arquetípicas humanas (plásticas, corporais, musicais etc.) e flerta com a ideia da busca da beleza e, portanto, com a questão estética. As narrativas de alguns mitos de fundação das sociedades indígenas, por exemplo, são de beleza ímpar.

Tempo livre para aprender

Para quem se interessa por mitos de fundação indígenas, o escritor uruguaio Eduardo Galeano conta, na trilogia *Memórias do fogo*, 500 anos da história latino-americana por meio de mitos e lendas em um tom lírico que emociona os leitores. A trilogia foi premiada pelo Ministério da Cultura do Uruguai em 1982, 1984 e 1986 – anos em que cada um dos livros foi lançado, respectivamente.

Sugestão de livro

GALEANO, Eduardo. *Trilogia memórias do fogo: I. Os nascimentos, II. As caras e as máscaras, III. O século do vento.* São Paulo: L&PM, 2013.

O lúdico como atividade arquetípica se expressa por meio de outras formas e nos leva a uma das manifestações máximas da ludicidade humana, que é a festa. Para o profissional de lazer na atualidade, é de fundamental importância a compreensão desse fenômeno. A festa é uma expressão arquetípica que contempla o comportamento lúdico em sua essência e existe de forma diversa, nas diferentes culturas.

Contextualizadas as formas de expressão do comportamento lúdico, Huizinga identificou suas características.

1. **O comportamento lúdico (ou o jogo) é voluntário.** Sua adesão às práticas se dá de forma livre. Ao fazer algo por obrigação, não se está no campo do comportamento lúdico, portanto essa ação não se caracteriza como lúdica. Nesse sentido, a entrada das obrigações (familiares, políticas, religiosas etc.) na vida cotidiana altera as formas de comportamento lúdico e, consequentemente, o que é considerado atividade produtiva e o que é atividade lúdica. Temos, então, uma cisão do tempo histórico social: o que é considerado atividade produtiva será canalizado para o trabalho; o que é atividade lúdica será transformado em lazer. Visto que as ditas sociedades primitivas não possuíam essa divisão, havia inter-relação entre a atividade produtiva e a lúdica. A produção da vida estava relacionada ao prazer da existência.
2. **O comportamento lúdico é desinteressado.** O sujeito adere a práticas lúdicas por achá-las interessantes, prazerosas. Essa prática se constitui também em uma evasão da vida real, uma espécie de intervalo

na vida cotidiana. Podemos nos perguntar, então: mas as atividades lúdicas não estão presentes na vida cotidiana? Devemos considerar que sim, mas sua expressão ocorre em uma espécie de intervalo da vida cotidiana, quando o sujeito possui espaços nos quais o comportamento lúdico se evidencia. Em nossa sociedade atual, esse intervalo para a expressão da ludicidade foi sendo reduzido cada vez mais. Há uma compressão sobre esses espaços lúdicos, que vão se apartando mais e mais da vida real. Se antigamente quase não se tinha uma divisão tão marcada – o momento do plantio e o posterior momento de celebração da colheita eram próximos –, na atualidade isso parece evidente: o momento do lazer é o momento do lúdico, e o momento do trabalho é o da responsabilidade, da seriedade.

3. **O comportamento lúdico ajuda na evasão da vida real** e apresenta, por consequência, um isolamento no tempo e no espaço. Se possui tempo e espaço próprios, o comportamento lúdico apresenta repetições e alternâncias. Por isso é que podemos observar a ludicidade de forma alternada entre os vários espaços de obrigações da vida cotidiana. Esses momentos lúdicos vão ocorrer em tempo e espaço específicos: as arenas (esportivas), os templos, os palcos, as telas (quadros, cinemas, celulares e computadores) e até os tribunais de justiça (pensemos no cenário em que ocorrem os julgamentos).

4. **O comportamento lúdico cria ordem e é ordem.** Nesse aspecto, o momento lúdico é introduzido na imperfeição do mundo, criando um conjunto de regras de perfeição temporária e limitada. É, dessa forma, uma resposta ao que o ser humano busca na imperfeição do mundo, uma perfeição mesmo que temporária e limitada que ainda tem um componente estético de busca pelo que é belo. Todas as atividades lúdicas possuem um conjunto de regras.
5. **O comportamento lúdico incorpora algum tipo de tensão, de acaso e de incerteza.** Ao imaginarmos uma festa, por exemplo, não sabemos o que vai acontecer ali, quem vai encontrar com quem, quem vai cometer gafes; há uma questão de acaso e incerteza. Um jogo de futebol, uma atividade esportiva, uma peça de teatro ou um filme, qualquer dessas atividades vai ter sempre um viés de tensão em função do acaso. Tudo que é muito certo, muito programado, muito planejado, portanto, afasta-se do lúdico.
6. **A ludicidade tende à formação de grupos de interesse**, ou seja, as pessoas se aproximam em função das práticas lúdicas das quais gostam. Compartilhar e curtir são atos presentes no comportamento lúdico, e essa talvez seja uma das razões do sucesso do Facebook, por exemplo.

Sintetizando o pensamento de Huizinga, o comportamento lúdico (a ludicidade ou o jogo) é uma atividade livre, conscientemente tomada como não séria e exterior à vida cotidiana, mas ao mesmo tempo capaz de absorver as pessoas de maneira intensa e total. É desligada de todo e qualquer interesse material, e sua adesão se faz de maneira desinteressada. É praticada dentro de limites espaciais e temporais próprios, segundo certas regras, com tendência a promover a formação de grupos sociais que demarcam entre si suas diferenças. De maneira geral, o comportamento lúdico tem duas funções: lutar, disputar alguma coisa, competir por alguma coisa; ou representar, simular algo. Disputa e representação seriam as funções básicas do comportamento lúdico.

ROGER CAILLOIS

Em 1958, vinte anos depois da obra de Johan Huzinga, o sociólogo francês Roger Caillois partiu dos estudos do filósofo holandês para estabelecer categorias de análise do que é o comportamento de jogo ou o lúdico. Caillois fez quase o mesmo percurso de Huizinga, e seu grande avanço consistiu em mostrar que o comportamento lúdico está presente em diversas expressões humanas e que hoje podemos observá-las no que denominamos como práticas de lazer. Mesmo que deixemos de nomear essas práticas como lazer, uma vez que lazer é um fenômeno sócio-histórico específico, dificilmente essas expressões lúdicas deixarão de existir.

Em seu livro *Os jogos e os homens*, Caillois descreveu o que é comportamento lúdico, deu exemplos nas diversas culturas e, depois, sintetizou esse comportamento em seis características.

1. **A atividade lúdica é livre**, uma vez que, se o jogador fosse obrigado a jogar, perderia de imediato a sua natureza lúdica, de atração, de diversão, de prazer.
2. **A atividade lúdica é delimitada:** tem um tempo e um espaço. Aliás, está circunscrita a um tempo e a um espaço previamente estabelecidos.
3. **A atividade lúdica é incerta**, ou seja, o acaso está presente e é um dos grandes motivos de prazer.
4. **A atividade lúdica é improdutiva.** Pode ter interesse material, mas não necessariamente interesse produtivo. Não gera bens nem riquezas, entretanto, olhando para os jogos de azar, ressalva a mudança de propriedade no interior do círculo de jogadores. Na atualidade, podemos pensar em Las Vegas, por exemplo: os jogos de azar foram determinantes para o desenvolvimento da cidade.
5. **A atividade lúdica é regulamentada**, ou seja, vai ter sempre um conjunto de regras.
6. **A atividade lúdica é fictícia.** É um momento de evasão da vida real.

Caillois propôs uma categorização das expressões lúdicas. Para tanto, fez uma pesquisa sobre o aparecimento dos fenômenos lúdicos em diversas culturas. O sociólogo esteve no Brasil na década de 1950 para conhecer uma manifestação do comportamento lúdico brasileiro: o jogo do bicho. Caillois estava preocupado também em explicar a fascinação humana pelos jogos de azar.

Jogo do bicho

Talvez esse seja o jogo mais popular do Brasil. É importante ressaltar que se trata de uma atividade ilegal. O jogo associa 25 bichos a números (quatro dezenas por bicho de 00 a 99), e o jogador ganha quando o número escolhido por ele é sorteado. Teve sua criação em 1892, no Jardim Zoológico do Rio de Janeiro. Ocorre em todos os estados do Brasil, tem uma administração descentralizada e os resultados são obtidos por sorteios que ocorrem na sede do jogo do bicho, localizada no Rio de Janeiro (JOGO DO BICHO, 2016).

A partir desse "trabalho de campo" efetuado durante vários anos, procurando conhecer diferentes manifestações nas mais diversas culturas, Caillois propôs uma categorização do comportamento lúdico em quatro grandes eixos:

Agôn

Competição, disputa. Comportamentos relacionados a luta, disputa. Muitos dos comportamentos lúdicos humanos passam pela necessidade de competir, disputar, contrapor-se - seja ao outro, seja à natureza, ou a si mesmo - diante de qualquer desafio proposto. Exemplo básico: esportes.

Alea

Acaso, aleatoriedade. Jogos cuja dinâmica é bastante imprevisível e que derivam em vários tipos de atividade lúdica humana. Exemplo básico: jogos de azar.

Mimicry

Simulacro, representação. Exemplo básico: teatro.

Ilinx

Vertigem, instabilidade. O comportamento de vertigem está na base de várias atividades lúdicas cuja essência é a instabilidade dos sentidos corporais. Exemplo básico: montanha-russa.

Por essa categorização, segundo Caillois, as atividades lúdicas abarcam desde aquelas de organização mais simples às mais complexas e sofisticadas, do ponto de vista de seu planejamento, da execução e dos equipamentos utilizados (de jogar bola de gude aos jogos de videogame, por exemplo). Ainda nessas categorias – *agôn*/competição, *alea*/acaso, *mimicry*/simulacro e *ilinx*/vertigem –, é possível encontrar formas patológicas (doentias). Como exemplo, podemos encontrar a competitividade desmedida e a busca pela vitória a qualquer preço (*agôn*) ou o uso desmedido de substâncias psicoativas na busca por um sentido de vertigem (*ilinx*). O quadro a seguir pode facilitar o entendimento.

Categorias do comportamento lúdico

	AGÔN (grego)	*ALEA* (latim)	*MIMICRY* (inglês)	*ILINX* (latim)
PAIDIA (simples)	Competição Disputa	Acaso Aleatoriedade	Simulacro Representação	Vertigem Instabilidade
	Pega-pega	Par ou ímpar	Casinha	Carrossel
	Correr	Dados	Carrinho	Gira-gira
	Nadar	Palitos	Médico	Cabra-cega
	Equilíbrio no muro	Pedra, papel e tesoura	Representações na escola	Asa-delta
	Equilíbrio na trave	Bingo	Novela	Rapel
LUDUS (complexas)	Ginástica artística	Roleta-russa	Teatro	Escalada
	100 metros rasos	Jogos de azar Cassino	Filme	*Bungee-jump*
Patologias	Vitória a qualquer preço	Vício	Dupla personalidade	Uso abusivo de álcool, drogas

Fonte: adaptado de Caillois (1990).

Sintetizando o pensamento de Caillois, ao analisar o comportamento lúdico humano, estamos estudando as bases das práticas que nós chamamos hoje de lazer. Todas as práticas de lazer têm alguma base lúdica e atravessam as categorizações vistas aqui. Vamos encontrar práticas que resvalam em mais de uma categoria. Por exemplo, a capoeira é uma prática da cultura popular brasileira de importância social e cultural. Ao categorizá-la, encontramos componentes de *agôn*/competição, *mimicry*/simulacro, *ilinx*/vertigem e, em menor grau, um componente de *alea*/acaso.

LÚDICO, LUDICIDADE E A IDADE MÉDIA

Na Idade Média, os grandes senhores saíram das cidades para morar em suas propriedades no campo. Sem grandes recursos, os cidadãos acabaram por acompanhá-los, causando um esvaziamento das cidades. Nesse período, havia uma relação de servidão, em que os servos se viam presos às obrigações devidas ao senhor e à Igreja e representavam a maioria da população camponesa. Eram os responsáveis por todo o trabalho necessário à subsistência material. Além dos senhores, do clero e dos servos, havia uma pequena população urbana, representada por uma classe de artesãos, comerciantes e, ainda, um reduzido grupo de escravos.

O povo estava submetido ao senhor feudal e dividia-se em homens adultos, que assumiam as funções das armas e por isso gozavam de certos privilégios, e os vassalos com seus familiares (servos e camponeses), submetidos ao trabalho servil e considerados propriedade do senhor. O trabalho não era cabível à nobreza, uma vez que desprestigiava aquele que o executasse. O ideal do homem nobre era se tornar um perfeito cavaleiro, com sólida formação para a guerra e para a música.

Durante o período, o cristianismo assumiu a hegemonia religiosa, unificando a Europa. A formação educacional adquiriu um cunho catequizador, com a educação humanística e filosófico-teológica exclusiva aos clérigos. O comportamento lúdico passou a ser visto como um "perigo" à purificação da alma; as atividades lúdicas lícitas se limitavam àquelas que promovessem a "elevação do espírito", como as festas religiosas. A mistura do lúdico com as ações religiosas no esforço de manter os fiéis por perto fez, inclusive, com que a Igreja alterasse alguns rituais litúrgicos, para torná-los mais atraentes. Por exemplo, após a Reforma Protestante,[8] as missas deixaram de ser em latim

8 A Reforma Protestante teve início com Martinho Lutero, monge que, em 1517, rebelou-se contra práticas da Igreja Católica consideradas abusivas por ele, como jejuns e venda de indulgências. Escreveu as "95 Teses", documento em que formalizou suas críticas à Igreja. Em 1520, o papa Leão X escreveu uma bula em que obrigava o monge a se retratar. A resposta de Lutero, que pregava a teoria agostiniana da predestinação e negava o jejum e outras práticas religiosas, foi queimar em público a bula papal (VICENTINO & DORIGO, 2013).

e passaram a ser proferidas na língua local, conhecida de todas as camadas sociais. Ritmos musicais populares também foram introduzidos nos rituais religiosos.

Nesse período, manteve-se a noção do trabalho como castigo e sacrifício. Na origem etimológica da palavra latina *tripalium* (instrumento de tortura, que significa padecimento, cativeiro), encontra-se o sentido do trabalho na Idade Média. O *tripalium* ou tripalio consistia em uma técnica de sofrimento obtida pela junção de três paus fincados no chão aos quais o condenado era fixado (quando não empalado em um deles até morrer).

O vassalo, considerado pela Igreja pecador consumado, deveria atenuar sua pena por meio do trabalho incessante, e nas horas de não trabalho o comportamento lúdico deveria orientar-se na busca da paz e da purificação da alma. Logo, o riso era controlado, e o medo, instigado como forma de contenção do prazer. As festas religiosas controlavam os prazeres mundanos e, por isso mesmo, eram lícitas.

Talvez essa apologia ao trabalho e o controle sobre esse tempo de não trabalho e sobre o comportamento lúdico representem a semente do lazer na Idade Moderna. A palavra lazer vem do latim *licere*, que significa lícito, permitido. O termo latino representava as manifestações culturais lúdicas e brincantes permitidas na civilização romana.

Tempo livre para aprender

O carnaval era a festa popular na qual a catarse imperava. Tudo era lícito, até mesmo o riso. Podendo durar até três meses, a festa promovia a igualdade entre todos. O povo vivia o carnaval. O riso sobrepujava o medo, para logo depois tudo voltar ao normal, ou seja, para uma vida de trabalho estafante e obediência por meio da coerção.

O nome da rosa, livro de Umberto Eco publicado em 1980 (no qual se baseou o filme de mesmo nome dirigido por Jean-Jacques Annaud, lançado em 1986), trata dessa questão do riso, do prazer, como elemento desviante e que por isso precisa ser contido.

Sugestão de livro

ECO, Umberto. *O nome da rosa*. Rio de Janeiro: Record, 2009.

Sugestão de filme

O nome da rosa (original: *Der Name der Rose*). Direção: Jean-Jacques Annaud, 1986.

REVOLUÇÃO INDUSTRIAL: O TEMPO DE TRABALHO E O TEMPO LIVRE

A partir da transição da Baixa Idade Média para a Moderna, e já na própria Idade Moderna, as ações do homem deixaram de ser determinadas pela Igreja. Se no feudalismo a sociedade era estamental e não permitia mobilidade, no mercantilismo tivemos uma associação entre a burguesia (detentora do poder econômico) e a monarquia (detentora do poder político e social). O comerciante burguês depositava mais fé na razão e na ciência, dando início ao período identificado como Renascimento.[9]

A transição da Idade Média para a Idade Moderna[10] é mediada pelo sistema mercantilista. Temos assim uma divisão entre Alta Idade Média, caracterizada pelo sistema feudal, e Baixa Idade Média, marcada pelo sistema mercantil e por algumas evoluções, como a utilização de moedas no lugar das tradicionais trocas de produtos.

O valor das moedas era determinado pelo metal com o qual eram fundidas. A utilização de moedas nas operações comerciais acabou por impulsionar o início das navegações em busca de metais preciosos. Observa-se o início do capitalismo comercial, transformado depois no capitalismo industrial com a Revolução Industrial e, posteriormente, no capitalismo financeiro, em que o capital migra de um lado a outro, em tempo real, por meio das grandes movimentações nas bolsas de valores.

---

9 Renascimento ou Renascença (século XIV até o XVI) foi um movimento artístico e cultural que teve início na Itália, desvinculado da Igreja. Considerava a Idade Média como "Idade das Trevas" e propunha a retomada dos ideais culturais greco-romanos (VICENTINO & DORIGO, 2013).

10 A Idade Moderna vai estudar o período em que a Europa assume a liderança econômica mundial, com as grandes navegações e a formação do capitalismo. A burguesia busca afirmar suas ideias e seus valores e vai estar ligada às principais transformações desse período (VICENTINO & DORIGO, 2013).

Nessa sociedade, o tempo cíclico já não faz mais sentido, e o tempo do relógio passa a determinar as ações do cotidiano. A decadência do sistema feudal, o desgaste das relações entre senhores e servos e, posteriormente, o avanço do mercantilismo fizeram surgir agrupamentos de comerciantes, negociantes e pequenos artesãos que se fixaram no entorno dos feudos e passaram a constituir os chamados burgos. Neles, passou a se concentrar grande quantidade de trabalhadores livres, o comércio prosperou e as feiras organizadas tornaram-se permanentes. Para esses burgos crescerem e constituírem as cidades, foi um passo.

Esse período foi marcado pelo reflorescimento comercial e agrícola e pelo surgimento das Cruzadas (séculos XI a XIII), expedições religiosas e militares que, sob a afirmação de levar a fé, abriram rotas comerciais marítimas.

As cidades foram se fortalecendo e, em razão do crescente comércio e do próspero artesanato, passaram a acumular não só riqueza monetária como também técnicas e obras. Tornaram-se o centro da vida social e política. Para otimizar os lucros, os comerciantes e artesãos criaram associações, como as guildas e as corporações de ofício, respectivamente. Surgiram profissões, e o dinheiro passou a circular mais rapidamente, com o aparecimento de cambistas, responsáveis pelas trocas de moeda, e de banqueiros, responsáveis pela segurança das fortunas dos burgueses.

O fim das Cruzadas marcou a abertura do Mediterrâneo, consolidando o renascimento comercial e urbano. O termo "burguês", que antes se referia ao morador dos burgos, aos poucos passou a representar uma classe emergente que, por dedicar-se às atividades comerciais, modificando as relações de produção, passou a ter o excedente dessa produção transformado em capital acumulado.

Com o passar do tempo, essa classe se efetivou como força econômica e apoiou as várias revoluções burguesas, como ficaram conhecidas (Revolução Inglesa, Revolução Francesa, por exemplo). Essas revoluções culminaram na Revolução Industrial.

NOVOS VALORES

A visão de mundo observada no século XVI se mostrava diferente da que tinha vigorado na Antiguidade: enquanto nesta a ociosidade era dignificada, agora o trabalho se sobrepunha ao lúdico; a saúde espiritual e a riqueza estavam associadas ao trabalho. Essa visão ecoava o impacto da Reforma Protestante de Lutero e Calvino. A riqueza só se tornava errada se servisse a uma vida de ociosidade e abusos mundanos.

Tempo livre para aprender

Segundo o sociólogo alemão Max Weber (2009), essa visão abominava o desfrute da vida e, indiretamente, criticava qualquer forma de lazer que não representasse uma oportunidade de reposição de forças para ter mais saúde, para produzir mais.

Sugestão de livro

WEBER, Max. *A ética protestante e o espírito do capitalismo.* 4ª ed. São Paulo: Martin Claret, 2009.

O trabalho passou a ser cada vez mais enaltecido: "Enobrece o homem"! Já não se trabalhava para viver; vivia-se para trabalhar. E temos a famosa máxima: "O trabalho dignifica o homem". A contemplação, o desenvolvimento intelectual e espiritual, o ócio no conceito grego não mais faziam sentido, sendo condenados: "Mente vazia, oficina do diabo". O lúdico passou a estar associado ao refazimento do homem para mais trabalho.

INDUSTRIALIZAÇÃO E AS TRANSFORMAÇÕES NA SOCIEDADE MODERNA

O incremento das atividades nos burgos levou a um reflorescimento das cidades, como dito anteriormente. A riqueza não mais estava nas terras, na propriedade e na produção agrícola. Segundo o sociólogo francês Henri Lefebvre (2011), a industrialização se constituiu no catalisador das transformações na sociedade moderna.

As indústrias se instalaram próximas às fontes de energia e de matérias-primas, demandando também meios de transporte e mão de obra. Assim, industrialização e urbanização seguiram como aspectos de um mesmo processo, que levou para a periferia as moradias dos trabalhadores. Esse processo tem relação com desafios enfrentados pelas grandes cidades até hoje – como habitação, saúde, transportes, infraestrutura e saneamento – e que impactam questões relativas ao acesso à cultura e à importância que assume o lazer.

O lazer pode se dizer filho desse processo de urbanização que exige a necessidade de ser contado um tempo para o deslocamento de casa até o trabalho. A vida do trabalhador se fragmentou, uma vez que trabalho e lazer não mais se desenvolviam no mesmo território. Era necessário o deslocamento no espaço para sair do tempo de trabalho e entrar no tempo livre para as atividades de lazer.

Nesse sentido, a Revolução Industrial pode ser vista como divisora de águas, marcando uma ruptura com a ruralidade. O tempo do lazer não coincidia com o do trabalho; o tempo livre e o tempo para o lazer existiam como extensão do tempo de trabalho. O trabalho, valorizado, passou a ser contabilizado em troca do salário.

Homens e, principalmente, mulheres e crianças trabalhavam por longas jornadas (de até 16 horas) em ambientes insalubres, sem segurança e em condições precárias, por salários irrisórios. Os salários de mulheres e crianças eram ainda mais baixos. A situação deflagrou lutas por direitos trabalhistas e por direito a tempo livre e para o lazer.

O ócio, visto como inatividade e preguiça, ia na contramão desse momento histórico. O hábito dos trabalhadores de se reunirem após o expediente passou a ser visto com reservas, pois poderia propiciar a oportunidade de os trabalhadores se organizarem para questionar sua condição.

Tempo livre para aprender

O Dia do Trabalho, comemorado em 1º de maio, remonta ao ano de 1886, na cidade de Chicago (Estados Unidos). Nessa data, milhares de trabalhadores foram às ruas reivindicar melhores condições de trabalho – entre elas, a redução da jornada de trabalho para 8 horas diárias.

O filme belga *Daens* faz um retrato desse período histórico nos países industrializados.

Sugestão de filme

Daens. Direção: Stijn Coninx, 1992.

A Revolução Industrial introduziu a máquina a vapor, que possibilitou o aumento da produção e gerou excedentes que passaram a ser comercializados. O acúmulo de capital oriundo das relações comerciais e de trabalho favoreceu a expansão das indústrias. Essa nova configuração dos centros urbano-industriais, porém, gerou um excedente de mão de obra que não conseguiu ser absorvido, levando à exploração dos trabalhadores pelo fato de a oferta ser maior do que a demanda.

Tempo livre para aprender

O escritor franco-cubano Paul Lafargue (1999), em *O direito à preguiça* (originalmente publicado em 1883), incita os operários a lutarem para, no máximo, 3 horas de trabalho e consequente direito ao descanso. Para o autor, a luta pelo direito ao trabalho era a luta pelo direito à servidão. Segundo ele, era uma vergonha lutar por trabalho, uma vez que este, alienante, retirava do trabalhador o direito de refletir sobre suas condições. Lafargue sugeria que a classe trabalhadora deveria rebelar-se a tão odiosas condições de trabalho. Instigava os operários a acordarem para o que considerava a enganosa assertiva da Igreja sobre a dignificação ao trabalho, que, segundo ele, foi amaldiçoado por Deus e imposto como castigo ao homem – não podendo, portanto, enobrecê-lo. No prefácio da segunda edição brasileira desse manifesto, Marilena Chaui ressalta a ironia da exaltação ao trabalho pela Igreja, visto que ele era amaldiçoado em quase todas as tradições míticas, além da tradição judaico-cristã. Argumenta ainda a inexistência da palavra trabalho nas sociedades antigas e trata sobre sua etimologia, que, como já vimos, vem de um instrumento de tortura, o *tripalium*.

Sugestão de livro

LAFARGUE, P. O direito à preguiça. S.l.: eBooksBrasil, 1999. e-Book. Disponível em http://www.ebooksbrasil.org/eLibris/direitopreguica.html. Acesso em 17/7/2018.

Contra essa exploração, os trabalhadores se rebelaram, exigindo melhores condições. O Estado passou a intervir para minimizar os conflitos, editando leis que primeiro baixaram as horas de trabalho e, depois, estabeleceram rendimentos mínimos. Somente com o Tratado de Versalhes foram assegurados os princípios universais que passaram a reger as relações de trabalho: limitação das horas de trabalho, fixação de um salário mínimo e proposição de que o trabalho não poderia ser visto como mercadoria. A partir daí, os Estados democráticos de direito do Ocidente passaram a incorporar os direitos trabalhistas em suas Constituições.

Tratado de Versalhes

O Tratado de Versalhes, assinado em 1919, determinou os termos de paz na Europa após a Primeira Guerra Mundial. Seu principal ponto consistia no reconhecimento e na aceitação, pela Alemanha, de suas responsabilidades pelo conflito. A OIT foi criada também em 1919 como parte do Tratado, com vistas a assegurar a paz por meio da justiça social. Na primeira Conferência Internacional do Trabalho, realizada em 1919, a OIT adotou seis convenções. A primeira limitava a jornada de trabalho a 8 diárias e 48 semanais. As outras convenções adotadas nessa ocasião referiam-se à proteção à maternidade, à luta contra o desemprego, à definição da idade mínima de 14 anos para o trabalho na indústria e à proibição do trabalho noturno de mulheres e menores de 18 anos (ORGANIZAÇÃO INTERNACIONAL DO TRABALHO, 2012).

Não é objetivo deste livro explorar as reivindicações trabalhistas no Ocidente. Assim, depois dessa explanação geral, vamos nos concentrar na situação brasileira. Apresentaremos um breve histórico do movimento por direitos sociais no Brasil para que se entenda como o tempo para o lazer foi conquistado em nosso país.

TRABALHO E DIREITOS NO BRASIL

Nas primeiras décadas do século XX, alguns políticos e empresários mostraram-se preocupados com o tipo de ocupação durante o tempo livre dos trabalhadores. Frutos de conquistas sociais, a redução da jornada de trabalho e a consequente sobra de tempo disponível para o lazer passaram a ser objeto de estudos.

Nesse período, fez-se apologia ao uso saudável do tempo de lazer. O Serviço de Recreação Operária (SRO) trabalhava na perspectiva de oferecer atividades "saudáveis" de lazer. Nas décadas de 1940 e 1950, a disciplina de recreação foi incluída em alguns cursos de graduação, como ocorreu na Escola Nacional de Educação Física e Desportos, no Rio de Janeiro. Em 1959, foi publicado o livro *Lazer operário*, de Acácio Ferreira. A partir da década de 1970, o lazer passou a compor efetivamente um campo de estudo.

Vamos, então, traçar uma curta trajetória do contexto social e histórico em que as ações dos trabalhadores em busca de conquistas sociais resultaram na efetivação do lazer como direito social, previsto em Constituição.

Quatro séculos de escravidão separam o Brasil da conquista de direitos trabalhistas e da consequente conquista de tempo para o lazer. Nossa primeira Constituição, de 1824, não reconhecia os escravos como cidadãos e também não previa direitos sociais – apenas direitos civis e políticos.

No fim do Império (1889), tínhamos 55 mil operários, a maioria imigrantes, e 1 milhão de escravos livres (sem nenhum tipo de direito), os quais se constituíam em um enorme contingente de reserva. Essa situação desestimulava os empresários a concederem melhores salários ou quaisquer benefícios.

As primeiras leis trabalhistas brasileiras, entre 1903 a 1923, asseguravam aos trabalhadores rurais e urbanos o direito de constituírem sindicatos, a proteção ao acidentado no trabalho e instituíam as caixas de pensão.

Primeiras leis trabalhistas brasileiras

1903	Decreto nº 979	Permitia aos trabalhadores da agricultura e de empresas rurais constituírem-se em sindicatos.
1907	Decreto nº 1.637	Permitia aos trabalhadores urbanos constituírem-se em sindicatos.
1907	Lei Adolfo Gordo (Lei nº 1.641)	Aprovada pelo Congresso Nacional, concedia o direito de expulsão de imigrantes ativistas envolvidos em protestos trabalhistas.
1919	Decreto nº 3.724	Assegurava o direito à proteção ao acidentado no trabalho.
1923	Decreto nº 4.682	Instituía caixas de pensão aos ferroviários.

Fonte: adaptado de Maringoni (2013).

Ainda no período de 1923 encontramos tentativas de disciplinar o trabalho dos menores de 18 anos, bem como reivindicações por redução das jornadas de trabalho, que na realidade chegavam a 16 horas diárias, pelo término da exploração de mulheres e jovens e por melhorias nas condições de trabalho. As regras eram particulares a cada empresa, não havia uma normatização e ainda se encontravam casos de castigos físicos como disciplinadores.

A economia brasileira se baseava na exportação de matérias-primas, em especial o café. O produto dessas exportações financiava as importações, o aumento da industrialização e um incipiente mercado consumidor interno. Com a Primeira Guerra Mundial, a retração na economia e nas exportações e o encarecimento dos produtos importados geraram uma crise econômica.

Em 1917, uma greve geral foi organizada em São Paulo, paralisando por oito dias as atividades produtivas. Tinha-se uma nova complexidade social, o que promoveu um rearranjo das forças dominantes. O Movimento Tenentista, em 1922, a Revolução de 1924 e a Coluna Prestes, entre 1925 e 1927, também forçaram esse processo.

A quebra da Bolsa de Nova York, em 24 de outubro de 1929, intensificou a crise. Em 1930, o então presidente do Brasil, Washington Luís, foi deposto pelas forças político-militares comandadas por Getúlio Vargas, que assumiu o país pretendendo reorganizar a economia cafeeira e normatizar as regras de trabalho. Contraditoriamente, instaurou-se um governo ditatorial que ampliaria os direitos sociais. Nesse período, a aceleração da industrialização foi dada a partir do Estado.

Trabalho e lazer ao longo de seis décadas

1930

É criado o Ministério do Trabalho, Indústria e Comércio.

1931

É criada a primeira Lei Sindical brasileira, por meio do Decreto nº 17.770, com o objetivo de controlar as reivindicações trabalhistas e utilizar os sindicatos patronais e de empregados como órgãos colaboradores do Estado.

1933

É aprovada a concessão de férias aos trabalhadores de comércio e dos bancos, estendida posteriormente aos demais trabalhadores.

***

É legalmente proibido o trabalho de menores de 12 anos, e inicia-se o processo de instauração da Previdência Social.

1934

É promulgada nova Constituição, que assegurava férias, salário mínimo e descanso semanal remunerado. Em contrapartida, possibilitava a expulsão de estrangeiros "perigosos à nação".

Tempo livre para aprender

Se a Constituição de 1934 avançava em direitos trabalhistas, retrocedia na repressão aos imigrantes que participavam de atividades políticas. A vinda dos imigrantes trouxe as primeiras ideias socialistas e anarquistas ao país, defendendo a bandeira dos protestos contra a exploração dos trabalhadores.

Sugestão de livro

GATTAI, Zélia. *Anarquistas, graças a Deus.* São Paulo: Companhia das Letras, 2009.

1935

Nova lei passa a assegurar estabilidade no emprego e indenização às demissões sem justa causa.

1937

É decretado o Estado Novo, em 10 de novembro. Anulam-se as eleições para presidente, e o Senado e a Câmara dos Deputados são fechados. Nova Constituição é outorgada, e é estabelecida a pena de morte, as greves são proibidas e se decreta censura aos meios de comunicação. O ensino primário passa a ser obrigatório, gratuito e compromisso do Estado.

1940

É estabelecido o primeiro salário mínimo nacional. É criado o Serviço Nacional de Recreação, órgão com o objetivo de orientar e normatizar as atividades recreativas da população nas esferas do trabalho e da educação.

1943

Tudo o que havia sido estabelecido nesse período – voltado para os direitos do trabalhador, organização sindical e Justiça do Trabalho – é sistematizado pela CLT.
O Serviço de Recreação Operária (SRO) é criado junto ao Ministério do Trabalho, Indústria e Comércio, mantido com verbas do imposto sindical e diretamente vinculado à Comissão do Imposto Sindical (CIS) e à Comissão Técnica de Orientação Sindical (CTOS). A criação tem como base orientações da OIT e conhecimentos de medicina e de educação física (ambos vinculados ao nacionalismo e às políticas trabalhistas de Getúlio Vargas).
O SRO não era um direito do trabalhador, mas extensivo apenas àqueles vinculados ao novo sindicalismo corporativo.

1945

Os presos políticos são anistiados por Getúlio Vargas.

***

Em maio, é realizada em Teresópolis (Rio de Janeiro) uma conferência na qual 800 associações comerciais, industriais e rurais analisam a situação econômica do país, o que culmina com o lançamento, no ano seguinte, da "Carta da Paz Social", apontando caminhos a serem percorridos pelas organizações empresariais brasileiras. A carta prevê a criação de um Fundo Social com vistas à melhoria do nível de vida e do aperfeiçoamento cultural e profissional dos trabalhadores. Como consequência desse fundo, são criados o Serviço Social da Indústria (Sesi) e o Serviço Social do Comércio (Sesc).

***

Em 29 de outubro, cai a ditadura, e Vargas é deposto.

Tempo livre para aprender

No texto *A criação do Sesi e do Sesc*, a autora Betania Figueiredo discorre sobre o contexto em que surgiram esses serviços sociais voltados aos trabalhadores.

SUGESTÃO DE LEITURA

FIGUEIREDO, Betania Gonçalves. *A criação do Sesi e Sesc: do enquadramento da preguiça à produtividade do ócio*. Dissertação de mestrado. Campinas: Instituto de Filosofia e Ciências Humanas/Unicamp, 1991. Disponível em http://www.bibliotecadigital.unicamp.br/document/?code=000036891&fd=y. Acesso em 6/4/2016.

1946

São consolidados na Constituição de 1946: a participação do trabalhador nos lucros da empresa, a jornada de 8 horas diárias, a proibição do trabalho de menores de 14 anos, a assistência aos desempregados, o seguro contra acidentes de trabalho, a assistência à maternidade, à infância e à adolescência, o direito à greve e o direito à educação. Há fortalecimento dos sindicatos e aumento do número de greves.

***

Em setembro, é formada a Confederação Geral dos Trabalhadores do Brasil (CGTB).

***

O governo de Eurico Gaspar Dutra é marcado por retrocessos em questões trabalhistas: o direito à greve é abolido, a CGTB é fechada e os sindicatos sofrem intervenção até 1949.

1950

Getúlio Vargas é eleito presidente e suspende a exigência de atestado ideológico nas eleições sindicais, o qual impedia que algumas lideranças operárias ativistas participassem dos pleitos.

1953

É realizada a Greve dos 300 mil (greve geral de trabalhadores têxteis e metalúrgicos e que alcança, depois, vidreiros, gráficos e marceneiros). O país vive o afloramento de reivindicações trabalhistas.

1956-1961

Governo de Juscelino Kubitschek. O Estado toma para si o papel central na criação de alternativas de desenvolvimento econômico, com investimentos diretos no setor produtivo. A criação de Brasília, em 1960, é um marco. O período é de crescimento e consequente aumento do número de empregos.

1962 João Goulart ("Jango"), que governa entre 1961 e 1964, legaliza os sindicatos rurais.

1963 Jango promulga o Estatuto do Trabalhador Rural, referendando vários direitos sociais.

***

Em outubro, o movimento sindical tem seu auge, com a Greve dos 700 mil em São Paulo, exigindo aumento salarial de 80% e negociação conjunta com a Federação das Indústrias do Estado de São Paulo (Fiesp). O aumento de salário é conquistado, mas a unificação das datas-bases não é aprovada.

1964 O país vive um clima de reivindicações e mobilizações sociais. João Goulart é deposto, e nos 21 anos seguintes o Brasil vive sob ditadura militar, que decreta o congelamento dos salários e intervém em 342 sindicatos, 43 federações e 3 confederações de trabalhadores. Entre 1963 e 1964, 90% dos sindicatos são fechados.

1965 O número de greves cai de mais 150 em 1963 para 25 em 1965.

1968 À revelia das repressões, em 26 de junho ocorre a histórica Passeata dos 100 mil, no Rio de Janeiro, com a participação de estudantes, intelectuais, trabalhadores e artistas. Também se destacam as greves na cidade mineira de Contagem (15 mil dos 20 mil trabalhadores do município) e em Osasco, na Grande São Paulo (três dias de greve e aproximadamente 400 trabalhadores presos de forma violenta).

1970-1973

Época do chamado milagre econômico. Porém, com a primeira crise do petróleo (em 1973), a dívida externa do Brasil explode e a inflação dispara, afetando o valor real dos salários.

1978

A greve metalúrgica deflagrada pelo sindicato do ABC paulista reacende os movimentos sindicais no país. O período é marcado pela criação e pela recriação de entidades de massa, pelo surgimento de partidos e pela legalização de agremiações colocadas anteriormente na ilegalidade.

1984

O movimento "Diretas, já!" reativa as manifestações políticas e leva milhares de pessoas às ruas exigindo o fim da ditadura. No ano seguinte, Tancredo Neves é eleito por voto indireto, falece e José Sarney assume a presidência.

1988

A Assembleia Nacional Constituinte instaura a chamada Constituição Cidadã, que assegura no artigo 6º, que trata dos Direitos Sociais, o direito ao lazer. É um direito fundamental de segunda geração,[11] relacionado à liberdade do indivíduo.

1990

É marcada por um significativo processo de privatização, redução do papel social do Estado e desregulamentação. Posteriormente, os governos buscam tentar preencher essa lacuna por meio do incremento de políticas sociais inclusivas e de redistribuição de renda.

---

11 A segunda geração dos direitos fundamentais baseia-se na ideia de igualdade, de forma que o poder público assegure aos cidadãos direitos sociais, não mais vistos de forma individual, mas como direitos de caráter econômico e social que assegurem melhores condições de vida ao cidadão e à sociedade.

Por meio desta linha do tempo, cujas informações têm como base Maringoni (2013), pode-se perceber que o direito ao lazer representou uma conquista histórica advinda das reivincadições por melhores condições de vida e trabalho. O lazer, desta forma, não deve ser entendido apenas como prática social de "livre escolha"; consiste, antes, em uma prática social condicionada pelas situações históricas às quais a população é submetida e nas quais é, ao mesmo tempo, protagonista. Assim, deve-se considerar que o lazer enquanto direito social constituiu-se em um grande avanço, especialmente para as classes menos favorecidas, que passaram a ter assegurados, por parte do Estado, espaços e equipamentos destinados a atender a essa demanda e esse direito social.

[RELEMBRE]

O comportamento lúdico, aquele que nos permite expressar nossa ludicidade por meio do jogo, de brincadeiras, das diversas formas de busca do prazer, sempre existiu. É inerente ao ser humano e permeia suas atividades. Com o advento da Revolução Industrial e com a conquista de um tempo remunerado, contraposto ao trabalho, surgiu o tempo de lazer. Dessa forma, o comportamento lúdico, que outrora estava presente nas diversas atividades humanas, foi sendo cada vez mais associado às atividades de lazer. Com o estresse da vida moderna, cada vez mais o ser humano foi confinando o comportamento lúdico ao seu tempo de lazer. Neste capítulo, você acompanhou o processo pelo qual o fenômeno do lazer se instaurou e as reivindicações feitas ao longo da história para que esse direito fosse assegurado. Estabelecemos ainda uma linha do tempo para apresentar como se deu no Brasil a conquista do lazer enquanto direito constitucional.

Atividade 1

Memória de família, trabalho e lazer: converse com seus pais e avós sobre os lugares em que trabalharam e as ocupações que tiveram ao longo da vida profissional. Ao mesmo tempo, indague sobre como usavam o tempo livre, que práticas de lazer realizavam e em quais espaços. Monte uma tabela com esses dados (onde moravam, tipo de ocupações, lazeres, espaços de lazer).

Atividade 2

Construa um quadro de atividades de recreação a ser aplicado em um acampamento de férias. Baseando-se na categorização de Caillois (ver p. 39), crie ao menos quatro atividades de cada categoria, buscando elencar duas mais simples e duas mais complexas. Estabeleça atividades para grupos de dez integrantes nas faixas etárias de:

- 2 e 3 anos;
- 4 e 5 anos;
- 6 a 9 anos;
- 10 a 13 anos;
- 14 a 16 anos.

Capítulo 2

TEMPO: LIVRE PARA QUÊ?

Como vimos no primeiro capítulo, o lazer é uma atividade livre e desinteressada que o sujeito realiza em determinados tempo e espaço. É caracterizado pela atitude daquele que o realiza e ocorre em um tempo supostamente livre.

Neste capítulo, veremos as possibilidades de uso para o proveito desse tempo, tendo em vista que ele também se presta à reposição das forças de trabalho.

Já vimos que o ócio, a partir da transição da Idade Média para a Moderna, passou a ser visto como algo pejorativo, que depunha contra a pessoa que o praticava. De certa forma, essa ideia nos acompanha até hoje: quem já não recebeu a clássica pergunta "O que você fez em suas férias?" e, ao responder "Nada!", causou espanto em seu interlocutor? Percebe-se que há uma necessidade e até uma exigência de preencher o tempo livre com atividades ou com *hobbies*. Além disso, há também uma "obrigação" de ser feliz durante o tempo de lazer.

Uma corrente de pensadores vê essas exigências como um componente compensatório. Para eles, o lazer reveste-se de poderes capazes de compensar ou mesmo anular as frustrações da vida cotidiana e do trabalho alienante e tornar-se ideal de felicidade. No Brasil, parte dos estudos do lazer assumiu essa vertente funcionalista, que vê nesse fenômeno a função de compensar as agruras da vida cotidiana e de servir para descanso, diversão e desenvolvimento.

Joffre Dumazedier (1980), sociólogo francês cujo aporte teórico serviu como uma das bases para os estudos do lazer em nosso país, desenvolveu uma classificação que divide o lazer por interesses culturais: intelectuais, físico-esportivos, manuais, sociais e artísticos. Essa organização pode ser bastante útil para que o profissional de lazer, ao elaborar uma programação, varie e equilibre a oferta das diversas práticas. Com base na classificação, é possível agrupar as atividades a serem desenvolvidas, conforme apresentado no quadro a seguir.

Interesses culturais do lazer e exemplos de práticas

Interesses culturais		Práticas
Intelectuais	Prevalecem a busca pela informação ou pela formação desinteressada.	Leitura, jogos de xadrez, assistir a uma palestra etc.
Físico-esportivos	Prevalecem as atividades corporais relacionadas à busca do movimento.	Ginástica, futebol, corrida etc.
Manuais	Prevalece o uso das mãos para transformação.	Costura, artesanato, gastronomia etc.
Sociais	Prevalecem as relações interpessoais.	Festa, bingo, encontro com amigos etc.
Artísticos	Prevalece a estética.	Teatro, cinema, concerto musical, dança, literatura etc.

Fonte: adaptado de Dumazedier (1980).

Essa divisão deve ser considerada para efeitos didáticos, mas, na realidade, vários interesses se interpõem em uma mesma atividade. Quando está jogando futebol, por exemplo, o sujeito desenvolve uma prática físico-esportiva e, ao mesmo tempo, vivencia uma prática social. Quando, ao final do campeonato, há um churrasco, pode-se destacar a gastronomia, e assim teríamos também uma atividade de interesse manual.

É inquestionável que o lazer propicia o descanso, a diversão e a recuperação das energias. Ele ainda pode contribuir muito para a qualidade de vida, se todos tiverem acesso a ele e também à educação (que viabilize o consumo inteligente e a criatividade na elaboração das atividades para atender aos diversos gostos).

Cabe ao profissional de lazer adequar, em seu plano de atividades, as expectativas de seus praticantes e os diversos interesses, assegurando qualidade e diversidade de práticas. Aliar interesses variados em uma mesma prática pode assegurar maiores aceitação e satisfação por parte dos praticantes. Para isso, é necessário oferecer atividades que não apenas atendam a todos os interesses propostos por Dumazedier no quadro da página anterior mas que também sejam diversificadas.

O acesso a diferentes práticas deve ser estimulado desde a infância, para que as crianças desenvolvam um gosto diversificado, ampliando o campo de interesses culturais.

O ideal seria conhecer desde conjuntos musicais populares, ofertados por programas em redes de televisão, até música erudita, exibida em teatros ou salas de concertos.

Neste capítulo, trataremos também das interfaces do lazer: a cultura, a educação, a sustentabilidade, a qualidade de vida, o turismo. O profissional do lazer pode atuar nos mais diversos segmentos, valendo-se dessa interação. Mas destacamos que a divisão dessas áreas não é exata, não há caixinhas nas quais se depositam os conteúdos; eles se inter-relacionam, fundem-se. A categorização segue, portanto, uma estratégia didática, a fim de facilitar a compreensão, a leitura e as possibilidades de intervenção profissional.

LAZER E CULTURA

"Cultura" ainda é um termo em disputa. Será que designa uma elite cultural que estabelece cânones a serem seguidos ou, em contrapartida, denota um modo de vida – e, portanto, toda a sociedade é capaz de produzi-la?

A concepção de cultura como campo de distinção social e espaço reservado a uma elite perdeu força após a Segunda Guerra Mundial (1939-1945), dando início a um referencial teórico que levaria ao atual sentido de cultura como representação do modo de vida de um sujeito, uma comunidade ou uma sociedade.

No mundo globalizado, a cultura pode ser influenciada pela mesma dinâmica dos processos econômicos. Podemos dizer, portanto, que a cultura também é mundializada. Consideramos a mundialização enquanto processo de interações entre seres humanos de espaços geográficos diferentes, potencializadas essas interações entre os Estados por meio dos avanços tecnológicos e informacionais.

As manifestações culturais de determinada comunidade possibilitam entender sua constituição social, seus embates, suas memórias, seu modo de vida, seus lazeres. Ao contrário do que se possa pensar, não só as atividades artísticas (as artes plásticas, a música, o teatro, a dança, o cinema) são expressões que representam a cultura de um povo. A gastronomia, o folclore, as manifestações populares e o brincar também são extremamente representativos. Ou seja, o lazer é expressão cultural de determinada comunidade e pode representar tanto valores conformistas como de resistência em relação à ordem social vigente.

Ao pensar em cultura como um conjunto de trabalho intelectual e criativo, podemos refletir sobre a desigualdade em sua distribuição e seu acesso. É importante destacar que cultura é muito mais do que apenas esse conjunto; é, essencialmente, um modo de vida. Temos de tratar com igualdade culturas que são diferentes, respeitando seus valores, visão de mundo e formas de intervenção na realidade.

Nos dias atuais, por meio dos processos de globalização, a indústria cultural envolve diversas manifestações culturais, apresentando-as como opções de consumo de um lazer mais genérico, formatado aos padrões e gostos da maioria da população.

Indústria cultural

A expressão "indústria cultural" foi utilizada pelos filósofos e sociólogos alemães Theodor W. Adorno e Max Horkheimer no livro *Dialética do esclarecimento* (lançado originalmente em 1944). A crítica feita em relação à indústria cultural dizia respeito à dinâmica mercadológica estabelecida, uma vez que ela se apropria de uma ideia original e a pasteuriza – ou seja, formata e homogeneíza seu conteúdo aos padrões internacionais, de forma que seja entendida em qualquer parte do mundo. Depois, replica essa ideia à exaustão, até encontrar outra ideia original que será processada nos mesmos moldes.

Podemos observar inúmeros exemplos em relação à mundialização da cultura. Os processos tecnológicos e a ação de empresas transnacionais nascidas dos processos de globalização favorecem o acesso aos mais novos modismos veiculados em tempo real pela mídia, normalmente originários de diferentes países. Na gastronomia, há muitos exemplos. Hoje ela ultrapassa o local e o global: os *food trucks*, as *palleterias*, as *temakerias* e a gourmetização da vida cotidiana.

Na indústria cultural, um segmento que gera algumas críticas e preconceitos é a indústria do entretenimento. Ela perpassa o lazer e o apresenta como produto de venda e consumo rápidos e de fácil entendimento. É uma área em franca expansão e tem absorvido muitos profissionais do lazer. O setor de prestação de serviços, no qual a indústria do entretenimento se insere, por exemplo, é um dos que mais gera empregos na atualidade.

Os lazeres e, em especial, os veiculados pela mídia são padronizados para atingirem (e agradarem a) diversas classes sociais em qualquer canto do mundo. Não há uma adequação de conteúdo à cultura local. Antes, esse conteúdo deve superar o particular e gerar uma sensação de pertencimento global. Por isso mesmo, são produções de fácil assimilação, fórmulas criativas de sucesso reproduzidas inúmeras vezes.

Em razão dessa lógica de consumo, destaca-se o grande avanço da indústria de entretenimento, para a diversificação da oferta dos lazeres independentemente de classes sociais. Como exemplo, podem-se observar a popularização do acesso aos pacotes turísticos para os mais diversos destinos ou o acesso ao entretenimento digital, desde os *games* até o cinema e a internet.

É possível, no entanto, encontrar opções de consumo cultural que vão além dos programas pasteurizados oferecidos pela indústria cultural. Ao conhecer como determinada população utiliza seu tempo de lazer, entendemos algo sobre suas condições socioculturais e de vida. Diversos segmentos do setor de serviços apropriam-se dessa informação para elaborar ofertas de entretenimento. O profissional de lazer deve também ter um olhar cuidadoso sobre esses estudos e capacitar-se para elaborar programas de lazer com critério e responsabilidade social.

Como vimos, o entretenimento é um segmento econômico em franca expansão e com condições de absorver um considerável número de profissionais de lazer e de turismo, que podem atuar tanto na elaboração de atividades como no desenvolvimento dessas práticas. Como exemplos, podemos citar a elaboração da programação da Virada Esportiva ou mesmo a organização e o acompanhamento de um palco na Virada Cultural, em São Paulo, bem como a monitoria de viagens de formatura realizando a animação sociocultural do grupo, entre outros que discutiremos no capítulo 4 (ver página 129).

Quanto às críticas feitas à indústria do entretenimento, há de se entender que as ofertas de atividades de lazer pelo mercado não são, necessariamente, alienantes ou pasteurizadas. Elas podem ter em seu conteúdo elementos culturais que possibilitem a reflexão e o desenvolvimento intelectual dos sujeitos envolvidos. Mais ainda: devemos nos despir do preconceito diante da produção da cultura por distintas classes sociais. Se entendemos cultura como modo de vida, tudo é cultura, e, portanto, todos devem ter acesso a ela, seja aos concertos na Sala São Paulo ou no Teatro Amazonas, seja aos programas veiculados pela mídia ou aos churrascos na laje de fim de semana!

Tempo livre para aprender

A Sala São Paulo, sede da Orquestra Sinfônica do Estado de São Paulo (Osesp), é uma das mais importantes casas de concertos e eventos do país, localizada no imponente edifício da Estrada de Ferro Sorocabana. Foi eleita uma das dez melhores salas de concertos do mundo. Sua programação musical prevê várias apresentações a preços muito acessíveis o ano todo, a fim de democratizar seu acesso. O Teatro Amazonas, em Manaus, inaugurado em 1896, reflete a riqueza econômica da capital amazonense no período do Ciclo da Borracha. Funciona como um museu, com entrada gratuita para o amazonense, bem como casa de espetáculos. São oferecidas diversas programações gratuitas, a fim de atender aos públicos de idades e perfis variados.

Sugestão de filme

Teatro Amazonas. Direção: Aurélio Michiles, 2000.

LAZER E EDUCAÇÃO

Falar de educação, principalmente quando associada ao lazer, representa abranger os espaços da educação – formal, não formal e informal.[1] E o que vem a ser tudo isso? Aliás, o que entendemos por educação?

No senso comum, entende-se educação como a passagem de conhecimentos e/ou informações daquele que sabe para aquele que não sabe. Educar, porém, não é só armazenar conhecimentos, tampouco apenas preparar alguém para o trabalho ou para ganhar dinheiro.

A educação é um processo de mão dupla, que envolve apreensão cultural; portanto, é muito mais do que fixar conteúdos. Todo sujeito nasce sem conhecimentos e somente a partir de sua interação com a cultura produzida historicamente e com os outros sujeitos é que ele se faz humano (PARO, 2013). Só ocorre quando o sujeito – o educando – coloca-se como protagonista, isto é, decide aprender; só é possível pela mediação do educador, que desempenha um papel de facilitador. Estabelecer a escola como único local de aprendizagem é fechar os olhos para a realidade. Nada é mais óbvio que o fato de que a educação não ocorre apenas nesse espaço, mas também além dele.

---

1 A chamada educação formal é a que acontece nos sistemas de ensino tradicionais; a não formal corresponde às iniciativas organizadas de aprendizagem que ocorrem fora dos sistemas de ensino; a informal consiste na que ocorre ao longo da vida, incluindo momentos de descontração, de lazer.

O lazer pode propiciar momentos de grande aprendizado. De forma autônoma, as pessoas escolhem os conteúdos a serem aprendidos, sem qualquer tipo de imposição. Por essa lógica, todos os tipos de lazer podem ser educativos.

Desde a década de 1930, foram criadas políticas públicas no intuito de ordenar as atividades de lazer por meio do incremento de programas ligados principalmente à educação física. Ao considerar, porém, a carência de espaços públicos, veremos que coube à escola servir de equipamento de lazer para preencher o tempo livre dos jovens por meio de programas desenvolvidos em seu espaço.

Chamamos de equipamentos de lazer os espaços destinados às práticas. Podem ser específicos, se foram projetados para a atividade fim, como estádios de futebol, clubes, unidades do Sesc etc., e não específicos, adaptados e utilizados para o lazer, apesar de não o terem como objetivo fim, como ruas de lazer, escolas etc.

De forma geral, com essas práticas busca-se assegurar um direito social. No entanto, os projetos que visam à ocupação das escolas públicas também pretendem amenizar os conflitos sociais gerados pela inatividade dos jovens ou mesmo evitar pequenos delitos ou consumo de drogas, de forma funcionalista.

O imaginário sobre a violência gera uma problemática em relação aos espaços públicos de lazer, uma vez que uma parcela da população de renda mais alta acabou se refugiando em condomínios fechados, verdadeiros enclaves que provêm seus moradores de diversas opções de lazer.

Tempo livre para aprender

No livro *Cidade de muros*, a antropóloga Teresa Pires do Rio Caldeira analisa os processos de transformação urbana envolvendo o crime, o medo da violência e o desrespeito aos direitos humanos na metrópole, estabelecendo relações com as noções de espaço público e democracia.

Sugestão de livro

CALDEIRA, Teresa Pires do Rio. *Cidade de muros: crime, segregação e cidadania em São Paulo*. São Paulo: Edusp, 2000.

Se a escola é um dos espaços públicos de lazer capazes de atender aos jovens, principalmente das periferias urbanas, há de se pensar em uma readequação das políticas que definem os programas de lazer, de modo que os sujeitos dessa ação possam interferir nesses programas. As atividades de lazer devem responder às suas demandas e não às expectativas supostas pelo Estado. Somente com essa concepção o espaço escolar poderá contribuir para a formação em vez da conformação desse cidadão.

Em contrapartida, temos espaços além dos muros da escola nos quais afloram expressões culturais espontâneas, seja na música, no teatro, na dança, nos esportes – uma miríade de possibilidades de atividades de lazer que ocorrem à revelia do Estado, em espaços públicos e comunitários, bares, ruas, praças, quadras e terrenos. Lazer esse capaz de responder às expectativas dos jovens, porque dialoga com a cultura juvenil e nasce de manifestações do próprio grupo ou da comunidade, mesmo que algumas sejam incentivadas pelo poder público.

Rivalizando o poema

Na cidade de São Paulo, toda última sexta-feira de cada mês ocorre um evento de poesias faladas. É o Slam da Guilhermina, na praça ao lado da estação Guilhermina-Esperança do metrô, na zona leste. O evento começa com um Recital Livre, em que qualquer um pode participar com poesias próprias ou não. Posteriormente, acontece o Slam, com três rodadas de poesias autorais, em que as melhores são escolhidas e passam para a fase final (RODRIGUES; DIMITRIOS; LIMA, 2015).

LAZER E SUSTENTABILIDADE

A temática ambiental parece estar presente em todas as discussões da atualidade, seja na ordem política, na econômica ou na acadêmica. A partir do encontro ambientalista de Estocolmo (Suécia) em 1972, iniciou-se a tentativa de um novo modelo de desenvolvimento econômico que mantenha o progresso humano em todo o planeta, e não apenas em alguns lugares, e que preserve recursos para as gerações futuras. O que se busca é o equilíbrio social, econômico e ecológico. Ou seja, um desenvolvimento que assegure justiça social com eficiência econômica e prudência ecológica e que leve em conta a finitude dos recursos naturais.

Desenvolvimento sustentável é o processo no qual a exploração dos recursos, a direção dos investimentos, a orientação do desenvolvimento tecnológico e a mudança institucional se harmonizam e reforçam o potencial presente e o futuro. É aquele que atende às demandas da atualidade sem comprometer que as gerações futuras atendam às suas próprias necessidades.

Sustentabilidade deve levar em conta as necessidades do ser humano e, para tanto, oportunizar melhores condições de vida. O economista polonês Ignacy Sachs (2002) estabelece oito dimensões para a sustentabilidade, apresentadas a seguir.

1. **Social.** Equidade de distribuição de renda e consequente redução do abismo social existente hoje; igualdade no acesso aos recursos e serviços sociais.
2. **Ecológica.** Novas formas de relacionamento com o consumo dos recursos naturais (limitação do uso, reciclagem).
3. **Territorial.** Relação entre áreas rurais e urbanas, adequação dos espaços públicos e privados, usos diversificados (justiça social).

4. **Ambiental.** Respeito; valorização da capacidade de autodepuração dos ecossistemas.
5. **Cultural.** Valorização das diversas formas de expressão humana.
6. **Econômica.** Desenvolvimento equilibrado, com segurança alimentar, capacidade de modernização, relativa autonomia científica e tecnológica e inserção soberana na economia internacional.
7. **Política nacional.** Projeto nacional elaborado pelo Estado que favoreça a coesão social e a democracia na apropriação dos direitos humanos.
8. **Política internacional.** Garantia da paz e cooperação internacional, gestão dos recursos naturais, econômicos, científicos e sociais de forma a favorecer a igualdade como propriedade comum da humanidade.

A cidade é um lugar de concentração demográfica, onde as pessoas vivem, sobrevivem e convivem, a despeito da diversidade, das diferenças de classes sociais, da violência, da carência de infraestrutura, dos problemas de transporte e da falta de tempo. Mas é também onde as pessoas desenvolvem os relacionamentos sociais, conquistam a renda para sustento e se divertem. Portanto, cabe-lhes o oferecimento dos meios de moradia, sustento, saúde, educação, deslocamento e lazer.

Durante a Cúpula das Nações Unidas sobre o Desenvolvimento Sustentável que ocorreu em Nova York em 2015, foi adotada uma agenda estabelecendo diversas ações mundiais a serem implementadas até 2030.

Essas ações abrangem quatro dimensões principais: social, ambiental, econômica e institucional, com vistas à melhoria da qualidade de vida das populações em todos os lugares. São 17 os Objetivos de Desenvolvimento Sustentável (ODS), conforme a seguir (ONUBR, 2017).

1. Acabar com a pobreza em todas as suas formas, em todos os lugares.
2. Acabar com a fome, alcançar segurança alimentar e melhoria da nutrição e promover a agricultura sustentável.
3. Assegurar uma vida saudável e promover o bem-estar para todos, em todas as idades.
4. Assegurar a educação inclusiva, equitativa e de qualidade, e promover oportunidades de aprendizagem ao longo da vida para todos.
5. Alcançar a igualdade de gênero e empoderar todas as mulheres e meninas.
6. Assegurar disponibilidade e gestão sustentável da água e saneamento para todos.
7. Assegurar o acesso confiável, sustentável, moderno e a preço acessível à energia.

8. Promover o crescimento econômico sustentado, inclusivo e sustentável, emprego pleno e produtivo e trabalho decente para todos.
9. Construir infraestruturas resilientes, promover a industrialização inclusiva e sustentável e fomentar a inovação.
10. Reduzir a desigualdade dentro dos países e entre eles.
11. Tornar as cidades e os assentamentos humanos inclusivos, seguros, resilientes e sustentáveis.
12. Assegurar padrões de produção e de consumo sustentáveis.
13. Tomar medidas urgentes para combater a mudança climática e seus impactos.
14. Conservar e usar sustentavelmente os oceanos, os mares e os recursos marinhos para o desenvolvimento sustentável.
15. Proteger, recuperar e promover o uso sustentável dos ecossistemas terrestres, gerir de forma sustentável as florestas, combater a desertificação, deter e reverter a degradação da terra e deter a perda de biodiversidade.
16. Promover sociedades pacíficas e inclusivas para o desenvolvimento sustentável, proporcionar o acesso à justiça para todos e construir instituições eficazes, responsáveis e inclusivas em todos os níveis.

17. Fortalecer os meios de implementação e revitalizar a parceria global para o desenvolvimento sustentável.

O lazer como prática cultural e educativa é fundamental para assegurar a sustentabilidade cultural, a qual deve garantir acesso a diferentes práticas e usos adequados nos diferentes espaços. As práticas de lazer devem levar em conta os seguintes aspectos:

- ações que favoreçam a redução de emissão de gases do efeito estufa;
- cuidados que busquem a minimização de impactos em bens naturais – por exemplo, o estudo de capacidade de carga em visitações a reservas naturais;
- priorização de fontes limpas de energia, principalmente relacionadas a transporte, como bicicletas, álcool combustível etc.;
- promoção de justiça social por meio de programas sociais coordenados por Organizações da Sociedade Civil (OSCs)[2] ou outras instituições;
- cuidados com a destinação de resíduos, lixo, reciclagem;
- ações educativas que ofereçam atividades sustentáveis;

2 As OSCs são instituições do Terceiro Setor, sem fins econômicos, que desenvolvem trabalhos sociais com finalidade pública (trataremos melhor desse assunto no capítulo 4).

- incremento de programas educacionais;
- planejamento urbano eficiente e que possibilite acesso a práticas de lazer a todos os setores da sociedade;
- favorecimento da economia local com a utilização de recursos materiais e humanos do entorno;
- atividades de lazer que favoreçam a reflexão sobre o consumo mais consciente da população, principalmente relacionadas aos recursos hídricos;
- criação de praças e ruas mais arborizadas e espaços verdes voltados para o lazer da população.

Tempo livre para aprender

Vale a pena ler o estudo elaborado por Euler Sandeville e Cecilia Angileli sobre o uso e as práticas de lazer desenvolvidas pelos moradores de Vila Brasilândia, na cidade de São Paulo.

Sugestão de leitura

SANDEVILLE, Euler & ANGILELI, Cecilia. "Paisagem e lazer: representações da metrópole (para os brasileiros de Brasilândia)". Em *OLAM: Ciência & Tecnologia*, nº 7, Rio Claro, 2006. Disponível em http://www.espiral.fau.usp.br/e-arquivos/e-publicacoes/2005brasilandia.pdf. Acesso em janeiro de 2018.

Cabe ao profissional de lazer levar em consideração esses aspectos quando planejar atividades de recreação, de forma a contribuir com cidades mais sustentáveis e cidadãos mais conscientes. Por meio da programação de atividades de lazer, o profissional poderá levar os participantes a reflexões sobre problemas atuais ligados à sustentabilidade.

LAZER E QUALIDADE DE VIDA

Qualidade de vida e vida saudável não significam, simplesmente, ausência de doenças. A saúde é um fenômeno social complexo, e sua efetivação depende de fatores ambientais e culturais. Ela deve ser entendida como um direito social que garante mais do que um corpo saudável do ponto de vista biológico.

A forma como cada um se relaciona com o próprio corpo e a medida pela qual isso determina a qualidade de vida são o que podemos entender como corporeidade humana. Ela resulta das heranças biológicas e histórico-culturais e pressupõe a intenção individual; por esse motivo, é produtora de significados. Representa, ainda, a interação do ser humano com o seu corpo e também com o meio.

Além disso, cada pessoa é responsável por eleger as formas de se movimentar e de como tirar proveito disso, ação denominada de motricidade.

Infelizmente, os indicadores utilizados para medir a qualidade de vida são fundamentados em uma lógica que não leva em consideração o contexto histórico, social e cultural da vida das pessoas. Ou seja, ignoram tanto a corporeidade como a motricidade. Usam réguas bioestatísticas, psicométricas e econômicas. Baseiam-se ainda em uma visão funcionalista de vida preservada para a produção, ou seja, ser saudável para a sociedade do trabalho e do consumo. Em resumo, acabam não assegurando ou não mensurando uma qualidade de vida plena de significados.

Os programas de lazer para promoção da qualidade de vida são normalmente correlacionados a atividades físicas. Basta observar a maioria dos programas públicos voltados às práticas esportivas ou até voltar um pouco na história e lembrar-se da ética produtivista, que privilegiava atividades físicas nos momentos de lazer.

É importante, porém, ressaltar a importância do lazer como atividade sociocultural, como promotor da manutenção da saúde mental, cujas atividades devem ir muito além das físicas. Ao promover a qualidade de vida de um sujeito, portanto, o profissional de lazer deve favorecer não só atividades físicas mas também a sociabilidade e a autoestima.

Nessa perspectiva mais ampla – em que a qualidade de vida é definida como uma vida plena de direitos –, defende-se a ideia de que a intervenção pública deveria levar em conta que os sujeitos plenos de direitos buscam uma vida também plena de sentido. Dessa forma, a saúde e o lazer devem ser observados como direitos sociais de modo efetivo, realidade ainda em construção em nossa sociedade.

LAZER E TURISMO

Como vimos até aqui, o lazer abarca diversas interfaces, entre elas o turismo. Muitas vezes, no entanto, as pessoas acabam considerando de forma equivocada lazer como sinônimo de turismo. Mesmo que viajar seja uma das práticas mais comuns estabelecidas pelos sujeitos em seu tempo de lazer, o turismo é apenas uma das possibilidades de uso do tempo livre. Além disso, existem diversas práticas relacionadas ao turismo que não têm relação direta com o lazer (viagens de negócios, religiosas, por motivos de saúde, por exemplo).

No século XVII, a elite costumava encaminhar seus filhos a uma viagem sabática – normalmente acompanhados por um tutor – cuja duração podia variar de seis meses a três anos. Essa viagem tinha uma conotação de distinção e de estudos. Envolvia uma ida a Paris e um circuito pelas principais cidades italianas: Roma, Veneza, Florença e Nápoles. Importante ressaltar quc o ponto alto da viagem era a capital da Itália, e somente assim o *grand tourist* poderia considerar-se realizado.

Há muita polêmica sobre se esses deslocamentos – que sempre ocorreram, mas, até o início da Idade Moderna, estavam reservados aos mais abastados – podem ou não ser classificados como turismo. Para a maioria dos estudiosos do campo do turismo, esse fenômeno, o *grand tour*, demarca o início desse fenômeno sociocultural.

No fim do século XVIII e no início do XIX, um conjunto de aspectos culturais, econômicos, tecnológicos e sociais possibilitou o crescimento do interesse pelas viagens. Nesse período, verificou-se relevante desenvolvimento na infraestrutura turística, principalmente na forma de balneários presentes em boa parte da Europa.

Tempo livre para aprender

Ao viajar, o turista desloca-se de seu lugar familiar para outro que nem sempre ele conhece ou do qual guarda referências. Assim, o turista aventura-se em novos horizontes. Não é certo que vá sentir prazer no local de destino, mas sempre terá uma nova visão de mundo e experiências acrescidas à sua bagagem cultural.

A experiência da viagem deve produzir um olhar turístico singular, e para tal é necessária a presença de elementos distintos dos encontrados na vida cotidiana. Para o sociólogo britânico John Urry (1999), as pessoas buscam vivenciar o consumo do turismo não apenas em uma perspectiva material. Buscam vivenciar os anseios imaginados. O hábito de grande parcela da população de viajar para algum lugar simplesmente pelo desejo de contemplar paisagens e vivenciar momentos de lazer é o que caracteriza o turismo de massa na contemporaneidade.

Sugestão de livro

URRY, John. *O olhar do turista*. 3ª ed. São Paulo: Nobel, 1999.

No Brasil, as condições propícias para que os sujeitos viajassem – e, assim, explorassem cada vez mais áreas desconhecidas, praias e montanhas, em busca de aventura e descanso – ocorreram na década de 1940. Nessa época, houve a consolidação das leis trabalhistas e a redução da jornada de trabalho para 8 horas diárias, aumentando o tempo livre.

O serviço turístico possui relativa rigidez espacial e envolve a proximidade consumidor–produtor. O produto desse serviço é, em grande parte, de natureza intangível. Essas interações entre cliente e prestador de serviços ocorrem no ato do consumo do fenômeno turismo. Há, ainda, outro componente que torna mais complexa essa relação, uma vez que temos prestadores de serviços locais atendendo a consumidores globais, cada vez mais exigentes por acumularem experiências em culturas e locais diversos.

O relacionamento entre o turista e a indústria do turismo é bastante complexo, principalmente se considerarmos o caráter imediato de sua fruição. Deve-se considerar que a oferta da maioria dos serviços relacionados ao consumo desse segmento é imediata (o relacionamento do cliente com o garçom, com o comissário de bordo, com o recepcionista de hotel).

Mais seletivo e exigente, o turista acaba por fomentar uma acirrada competição por sua atenção nos fornecedores de serviços turísticos, que oferecem atendimento personalizado, capaz de identificar as necessidades desse grupo e ordenar ações por parte do poder público local para atendê-las.

Há questões no desenvolvimento do turismo contemporâneo bastante relevantes: o impacto gerado pela preservação das tradições por parte de grupos locais, que acaba por intensificar o turismo nessas regiões, e o papel de organização dessas ações por parte das autoridades locais.

Ultimamente, as atividades de turismo nas aéreas de conservação – o ecoturismo – vêm tomando posição cada vez mais favorável na preservação, trazendo ainda crescentes benefícios econômicos, tanto pelo gasto direto dos turistas como pelas oportunidades de trabalho geradas.

Em muitas cidades, o turismo é fomentado sem comprometer a segurança do meio ambiente e da população desses locais. O lazer e o turismo servem, então, não apenas como possibilidade de recreação; funcionam em um contexto mais amplo, no qual o descanso, o divertimento e o desenvolvimento favorecem a compreensão de novas práticas de cidadania.

O turismo não foge de relativa exclusão social, visto que muitos dos destinos são elaborados e direcionados a uma seleta classe. Deve-se notar, no entanto, que a segmentação de mercado tende a oferecer opções para diversas faixas econômicas, tornando mais acessíveis viagens que outrora eram elitizadas, como as feitas para algumas praias do Nordeste brasileiro e até do Caribe.

[RELEMBRE]

Neste capítulo, você foi estimulado a refletir sobre o lazer e suas relações com outros fenômenos sociais importantes: a cultura, a indústria cultural, a educação, os espaços públicos, a sustentabilidade, a qualidade de vida e o turismo.

Atividade 1

No que diz respeito ao tempo livre, usado para a prática do lazer, reflita: o lazer expressa um momento de liberdade individual? Adorno, por exemplo, afirmava que, apesar de parecer livre, esse tempo está condicionado pela sociedade, que nos impõe papéis com os quais nem sempre nos identificamos ou que nem sempre expressam nossas reais potencialidades e possibilidades e se identificam com a ideia que fazemos de nós mesmos (ADORNO, 2000). Dessa feita, as atividades livres não seriam tão livres assim, uma vez que estariam determinadas por uma estrutura social que se impõe sobre nossa vontade. O que você pensa sobre isso? Debata com outras pessoas e proponha alternativas.

Atividade 2

Com base nos eixos apresentados neste capítulo – lazer e cultura, lazer e educação, lazer e sustentabilidade, lazer e qualidade de vida, lazer e turismo –, estabeleça uma programação de lazer para uma Virada Cultural em sua cidade. Privilegie os conteúdos culturais estabelecidos por Dumazedier e também as interfaces do lazer. A Virada Cultural deverá acontecer em quatro espaços de lazer (praças, escolas, espaços públicos ou privados) e ofertar diversos conteúdos voltados a diferentes faixas etárias, além de apresentar atividades de 3 em 3 horas.

Capítulo 3

LAZER E OS DIFERENTES PÚBLICOS

Ao planejar as atividades de lazer, o profissional dessa área pode propor práticas que atinjam os mais diferentes públicos. E, além disso, que possibilitem o acesso aos mais diversos interesses culturais e contemplem as diferentes fases da vida.

A divisão dos públicos leva em conta a faixa etária (ciclo da vida) e as barreiras arquitetônicas, laborais ou sociais: pessoas com deficiência, pessoas que estão em ambiente de trabalho e pessoas em situação de vulnerabilidade social. Com relação às fases da vida, vamos adotar a divisão exposta no quadro a seguir.

Fases da vida

Ciclo da vida	Período	Idades	Critério[1]
Criança	Primeira infância	0 a 3 anos	Estatuto da Criança e do Adolescente
	Segunda infância	3 a 6 anos	
	Terceira infância	6 a 12 anos	
Adolescente	Adolescência	12 a 18 anos	Estatuto da Criança e do Adolescente
Jovem	Juventude	18 a 25 anos	–
Adulto	Adulto	25 a 59 anos	–
Idoso	Velhice	+ de 59 anos	Estatuto do Idoso

Fonte: os autores.

1 Em razão da enorme divergência em relação à classificação de critérios para agrupamento etário, optamos pela divisão adotada pelo Estatuto da Criança e do Adolescente (ECA) e pelo Estatuto do Idoso, respectivamente disponíveis em http://www.planalto.gov.br/ccivil_03/leis/L8069 Compilado.htm e http://www.planalto.gov.br/ccivil_03/leis/2003/l10.741.htm. Acesso em 13/6/2018.

É importante considerar que essa divisão não obedece a um critério científico; foi adotada apenas para facilitar os estudos e a adequação das práticas de lazer aos diferentes públicos.

Na busca por compreender o desenvolvimento humano, consideram-se três perspectivas relacionadas aos processos de transformação do ser.

- **Perspectiva ontogenética:** leva em conta o ciclo de vida em que o sujeito se encontra e as determinações biológicas decorrentes da sua condição de pertencer à espécie humana e que acabam por conferir certa homogeneidade àqueles que se encontram no mesmo ciclo vital. Uma perspectiva hereditária, poderíamos dizer.
- **Perspectiva sociogenética:** considera o contexto histórico, cultural e social em que o sujeito está inserido, conferindo relativa homogeneidade aos sujeitos que vivem em uma mesma cultura, em um mesmo momento histórico e em dado grupo social; leva em conta a sociedade da qual o sujeito faz parte.
- **Perspectiva microgenética:** leva em consideração as experiências individuais e particulares, não possibilitando homogeneização, na medida em que compreendem as características e especificidades pertinentes a cada sujeito, decorrentes do seu desenvolvimento psicológico e que o identificam como ser único.

Deve-se observar que, no geral, a divisão por ciclo vital considera basicamente a primeira perspectiva, a ontogenética, identificando o indivíduo por meio das transformações biológicas que caracterizam o grupo humano de determinada faixa etária. Por exemplo: o aparecimento da primeira dentição, o domínio da linguagem, o amadurecimento sexual etc.

Se quisermos entender o desenvolvimento humano e o sujeito de forma mais ampla e geral, teremos também de considerar as outras duas perspectivas. A questão psicológica é muito importante na constituição de uma pessoa. A história de vida de cada um, embora seja única, não está descolada do contexto histórico, social e cultural do qual ele faz parte.

Vamos tratar um pouco de cada ciclo de vida com base na perspectiva de um ser humano em desenvolvimento integral.

CRIANÇA (PRIMEIRA, SEGUNDA E TERCEIRA INFÂNCIAS)

O ciclo da infância vai desde o nascimento até cerca de 12 anos de idade. É um período rico em aprendizado, uma vez que a criança descobre o mundo à sua volta e exercita a relação com as demais pessoas, a começar por seus pais. Só que nem sempre se pensou assim.

De acordo com o historiador francês Philippe Ariès, em *História social da criança e da família* (publicada originalmente em 1960), até o século XVII a criança era vista como um ser frágil demais para ser levada em conta. Quando conseguisse estar no mundo sem a ajuda da mãe e com independência física, era considerada adulta (ARIÈS, 1981). Segundo ele, a infância só passou a ser percebida a partir da Modernidade.

Na sociedade moderna, a criança tinha o caráter de ser dependente nos aspectos emocional, jurídico e político, sem responsabilidades e com necessidade de ser educada. A escola, junto com a família, exercia o papel de agência socializadora e transmissora de educação e cultura. Pais e educadores não mais dominavam arbitrariamente os processos de aprendizagem – antes, negociavam sua autoridade, validando-a pela razão.

A percepção da infância pela criança era possível apenas àquelas das classes mais abastadas, pois para as de famílias de menor renda não havia nenhum acompanhamento com relação a quaisquer práticas ligadas à ludicidade ou mesmo ao aprendizado. A vivência da infância estava vinculada à condição econômica, social e cultural da família.

Se no passado a criança era entendida como ser passivo no processo de socialização, ao longo da história essa visão se alterou. Hoje se compreende a criança com base em seu mundo, como um sujeito histórico e de direitos, que em sua inter-relação com o meio e os outros (adultos e crianças) vivencia e constrói sua própria identidade.

A partir da Revolução Industrial, por não haver nenhuma regulação por parte das autoridades, a criança foi usada e explorada como mão de obra barata. Em razão disso, houve a necessidade de o Estado intervir com políticas públicas que visassem à proteção da infância, o que passou a fazer parte da pauta econômica e política. No Brasil, em 13 de julho de 1990, normatizou-se o Estatuto da Criança e do Adolescente (ECA), com vistas a proteger esses indivíduos e assegurar seus direitos.

O lazer também foi objeto de direito assegurado no ECA, por meio de seu art. 4º:

> É dever da família, da comunidade, da sociedade em geral e do poder público assegurar, com absoluta prioridade, a efetivação dos direitos referentes à vida, à saúde, à alimentação, à educação, ao esporte, ao lazer, à profissionalização, à cultura, à dignidade, ao respeito, à liberdade e à convivência familiar e comunitária. (BRASIL, 1990)

Na infância, inciam-se a linguagem e o andar. É também o período em que são explicitados limites e regras. Para tal, as atividades lúdicas são de fundamental importância, pois a criança vai experimentando o mundo, seus limites, suas regras e possibilidades por intermédio dos jogos, principalmente aqueles que têm na imitação (*mimicry*) sua temática. São as brincadeiras de "casinha", "médico", "professor e aluno" "papai, mamãe e filhinho" que vão auxiliar na contextualização do mundo.

Em decorrência da urbanização, porém, os locais públicos – mais especificamente, a rua –, que antes eram espaços do brincar, vêm sendo cada vez menos acessíveis às crianças. O medo da violência leva os pais a confinar seus filhos em casa, na escola ou em espaços fechados, como clubes e shopping centers. Perde-se um aspecto importantíssimo dos espaços públicos, que é seu caráter socializador. A rua torna-se apenas local de trânsito, passagem.

Em razão de trabalho e afazeres, os pais frequentemente se veem distanciados dos filhos e, para suprir essa ausência, presenteiam as crianças com produtos eletrônicos que dominam sua atenção em detrimento de brincadeiras mais espontâneas, por assim dizer, nas quais o convívio com o outro prevalece.

A tecnologia não deveria ser a única fonte de ludicidade para crianças. Uma preocupação dos educadores e dos profissionais de lazer deve ser o cuidado para que a vivência do lúdico não se perca e seja a mais variada e rica possível.

Observa-se um cenário no qual crianças são tratadas como adultos, com agendas carregadas de cursos e ocupações. Treinadas para o futuro mercado de trabalho ou envolvidas em atividades que gerem renda às suas famílias (venda de balas em semáforos, por exemplo), muitas crianças se veem privadas do acesso às atividades lúdicas. Independentemente da faixa econômica a que pertençam, a vivência do lúdico está sendo subtraída das crianças.

Deve-se levar em conta a necessidade das crianças de exercitar essa ludicidade, à revelia do contexto que as oprime. O que nos conforta, em certa medida, é que elas acabam encontrando na imaginação e na fantasia uma possibilidade de transgressão.

Tempo livre para aprender

No livro *Crianças* como você, editado em associação com o Fundo das Nações Unidas para a Infância (Unicef), as crianças Ji-Koo (da Coreia do Sul), Houda (do Marrocos), Meena (da Índia) e Esta (da Tanzânia) falam sobre sua vida e seu jeito de ser. A publicação faz uma viagem pelas diferentes culturas do mundo e mostra o cotidiano das crianças em países diversos.

Sugestão de livro

KINDERSLEY, Barnabas & KINDERSLEY, Anabel. *Crianças como você: uma emocionante celebração da infância no mundo.* São Paulo: Ática, 2009.

ADOLESCENTE

O ciclo dos adolescentes vai dos 12 aos 18 anos de idade. É um período de transição que se inicia com a puberdade, marcado por transformações físicas, hormonais, comportamentais e psicológicas. O raciocínio lógico começa a se desenvolver, e o adolescente, a refletir sobre as possibilidades da vida, as decisões e as consequências delas para si e para os outros. A identidade torna-se uma questão central. Essas transformações, porém, são variáveis, em razão dos fatores sociais e intrínsecos a cada ser.

A formação da identidade do adolescente é influenciada pela cultura imediatista, o aqui e agora. As novas tecnologias, o acesso a uma quantidade imensurável de informações, bens culturais e entretenimento apontam para o consumo de um prazer efêmero e urgente, o que também interfere na formação da identidade.

A marcada distinção entre a criança e o adulto fez com que a adolescência fosse entendida como um ciclo à parte do desenvolvimento humano. De acordo com Ariès (1981), a partir do fim do século XIX se intensificaram os estudos e o interesse por esse período. O adolescente passou a ser caracterizado por fatores de ordem individual, associados à maturação biológica e ao contexto histórico, social e cultural em que está inserido.

No início do século XX, o adolescente era tido como um ser que deveria desenvolver-se para atingir a maturidade. Tratava-se de um estágio de transição ambíguo, no qual o sujeito se comportava ora como adulto, ora como criança. A adolescência era caracterizada como uma fase de experimentação, em que o adolescente vivenciava papéis e identidades sociais formando seus princípios e valores.

Na década de 1980, vários estudos demonstraram que as relações entre adultos e adolescentes, pais e filhos, educadores e educandos vinham passando por mudanças significativas, tornando-se mais igualitárias. O diálogo, a participação, a afeição e a compreensão ganharam corpo; especialmente, pais e filhos adolescentes tornaram-se mais afetivos, e as decisões familiares, negociadas sem tantos conflitos.

O adolescente se socializa na cultura em que está inserido. É ator de sua existência e não apenas espectador; age no meio e no conexto em que se encontra e sofre a ação desse meio e desse contexto. Com o acesso facilitado às informações, por meio das redes de televisão e da internet, por exemplo, ele passou a ter um contato mais precoce com temas como sexo e violência.

O acesso ao consumo também o integra e o iguala ao ser adulto. Novamente o contexto social, cultural e histórico (sociogenético) e as individualidades e subjetividades (contexto microgenético) vão interferir na determinação desse sujeito.

Para o adolescente, o grupo assume profunda importância. Superar limites, conquistar, ser independente tornam-se necessidades. As amizades lhe dão uma noção de pertencimento. O grupo é a unidade de socialização em que o adolescente adquire valores e competências que lhe permitirão parâmetros de comportamento.

Dois fatores podem explicar a importância que o grupo assume na vida do adolescente:

- por várias razões, instituições como a família e a escola deixaram um espaço vazio na vida do adolescente;
- o grupo é um espaço privilegiado de identificação com seus iguais, em que o adolescente pode ouvir e ser ouvido sem o controle de autoridades instituídas, como pais e professores.

Na pesquisa "A voz dos adolescentes", realizada no Brasil em 2002, a Unicef apontava que, dos 5.280 adolescentes entrevistados, 83% não tinham acesso a clubes de lazer, 74,5% não podiam ir ao cinema, 60% não tinham onde praticar esportes e 80% não possuíam equipamentos públicos ou comunitários que possibilitassem acesso a práticas de lazer e cultura gratuitas. Pode-se afirmar que esse panorama não sofreu profundas transformações.

Se a criança não faz da rua o seu *locus*, o adolescente busca na rua novas experiências e passa a efetivar relações de sociabilidade também fora de casa. Daí a associação entre adolescência e problemas ser tão comum. No entanto, não há determinismo nessa questão. Vemos adolescentes fazendo a diferença em suas comunidades por meio de ações culturais ou mesmo assistenciais, engajados em programas de voluntariado. Enfim, se temos "adolescentes-problema", também temos "adolescentes-solução".

Não se pode generalizar ou rotular esse ciclo da vida; há de se encontrar no contexto social razões para rebeldia ou transformação. Época de exercício de liberdade e responsabilidade, o uso que o adolescente faz de seu tempo livre pode estabelecer resultados positivos ou negativos em seu desenvolvimento integral.

Tempo livre para aprender

Hoje eu quero voltar sozinho é um filme brasileiro com direção, produção e roteiro de Daniel Ribeiro, lançado em abril de 2014. Retrata a história de um adolescente cego em conflito com a superproteção da mãe e sua busca por independência e autoafirmação. O filme ganhou o Teddy Award, na categoria Melhor Filme.

Sugestão de filme

Hoje eu quero voltar sozinho. Direção: Daniel Ribeiro, 2014.

JOVEM

O ciclo da juventude vai dos 18 aos 25 anos de idade. Mais do que os outros ciclos, este definitivamente se apresenta como uma fase de transição, e não há uma delimitação fácil de ser identificada. Ao contrário, muitas vezes, jovens e adolescentes são confundidos e podem aparecer no mesmo contexto ou como sinônimos.

No Brasil, no início do século XX, à época da implantação das reformas higienistas nos centros urbanos, muitas das famílias de classe mais baixa, colocadas à margem da sociedade abastada, foram taxadas como disfuncionais (no sentido de desajustadas) e, portanto, produtoras de jovens delinquentes.

Essas famílias eram tidas como carentes de recursos financeiros, intelectuais e morais para educar seus filhos. Assim, os jovens necessitavam da ação social do Estado, por estarem em condição de vulnerabilidade e desatenção. Na verdade, o discurso sobre a delinquência juvenil estigmatizava o jovem pobre e atestava a rua como espaço da transgressão. A rua era a "escola do mal", ainda associada à pobreza e à delinquência.

Nessa concepção de controle do Estado, o jovem deveria ser afastado da rua. O lazer apareceu, então, como possibilidade de prevenção dos vícios e deveria ser controlado e controlador. Para responder às necessidades de socialização dos jovens, foram criados os clubes agrícolas, os grupos de escotismo, as sociedades atléticas, a fim de evitar aquilo que a sociedade considerava como ócio e más companhias.

Na década de 1960 e no início dos anos 1970, o termo "juventude" era sinônimo de subversão política no Brasil. O jovem brasileiro estava ligado à resistência e à guerrilha contra a ditadura e o regime militar instaurados.

À revelia do que se possa pensar, a imagem do jovem entre as décadas de 1950 e 1970 não foi a do pobre, sujo, bruto e originário de família humilde e disfuncional. O imaginário da juventude consolidou-se na figura do "rebelde sem causa": o jovem rico, rebelde e transgressor.

Tempo livre para aprender

O filme norte-americano *Juventude transviada*, protagonizado por James Dean, retrata essa rebeldia sem causa do jovem rico, rebelde e transgressor.

Sugestão de filme

Juventude transviada (original: *Rebel without a Cause*). Direção: Nicholas Ray, 1955.

No decorrer da década de 1960, o discurso dos especialistas foi mudando de tom; não se falava mais da delinquência juvenil, mas da "cultura dos jovens". Essa cultura representava um grupo caracterizado por uma simbologia própria, demarcada nas roupas, preferências musicais e preocupações sexuais e sociais. Uma faixa etária diferenciada, mas que partilhava de alguns elementos da cultura dos adultos.

Em razão da fragilidade do conceito de juventude e de questões sobre instituições como família e escola, já no início da década de 1970 notaram-se relativa aproximação entre adultos e jovens e um embaralhamento entre as fronteiras delimitadas que antes os separavam. Não mais havia juventude, e sim juventudes. Valorizava-se a pluralidade da experiência desses grupos.

Na atualidade, temos jovens em um contexto social de desfavorecimento econômico, mais suscetíveis à violência urbana, ao tráfico de drogas, ao trabalho análogo ao de escravo e à prostituição. Existe sem dúvida um componente de vulnerabilidade na juventude, mas há também uma atitude de resiliência, entendida como a capacidade de resistir às adversidades utilizando-as como possibilidade de subversão dessa lógica.

Para estudiosos como o sociólogo francês Michel Maffesoli (2006), o jovem integra "tribos" e tem na inconstância sua principal característica, permitindo-lhe adaptar-se a cada grupo dependendo de seu desejo no momento. Pode-se pensar ainda a dinâmica cultural juvenil por meio de "circuitos de jovens", privilegiando-se a observação sobre a maneira como esses jovens se inserem no contexto urbano, identificando seus pontos de encontro e momentos de conflito, bem como os parceiros com os quais estabelecem relações de troca (MAGNANI & SOUZA, 2007).

Tribos ou circuitos, fato é que as atividades de lazer desenvolvidas por esses jovens influenciam sobremaneira sua forma de apreender o mundo. Atividades lúdicas que envolvam a vertigem (*ilinx*) são desafiadoras para esse público, mas as demais categorias também devem fazer parte do repertório de suas práticas. Competição (*agôn*), representação (*mimicry*) e atividades lúdicas de sorte e azar (*alea*) são bastante atrativas para esses sujeitos, que protagonizam formas de lazer diferenciadas como o grafite e o parkour.

Grafite e parkour

Grafite é uma forma de expressão das artes visuais, mais especificamente da *street art* (ou arte urbana), em que o artista utiliza os espaços públicos para intervir na estética da cidade com sua atividade.

Parkour, PK ou *art du déplacement* (arte do deslocamento) consiste em uma atividade física na qual o participante precisa se deslocar de um ponto a outro, superando qualquer obstáculo, da forma mais rápida e eficiente possível. Para isso, ele deve utilizar as habilidades do corpo. A prática do parkour pode ocorrer tanto no espaço rural como no urbano.

EDUCAÇÃO E ESPORTE

Uma pesquisa de 2007 realizada por Unicef, Fundação Itaú Social e Instituto Ayrton Senna buscou revelar as atividades de lazer apontadas por adolescentes e jovens em seu tempo livre. Na época, 35% deles responderam que a atividade predileta durante o tempo livre era ver televisão, 33% disseram preferir praticar algum esporte, e 24% responderam que preferiam ouvir música. A pesquisa comparou as respostas dos entrevistados em geral com as dos participantes do SuperAção Jovem, programa do Instituto Ayrton Senna com o lema "Jovem não é problema. Jovem é parte da solução". Os integrantes do programa se apresentaram como cidadãos mais solidários e conscientes e demonstraram maior interesse por leitura: 32% dos participantes do SuperAção apontaram ler livros como principal atividade no tempo livre – entre os não participantes, esse percentual foi de 10%.

Ruth Rocha, destacada escritora da área infantojuvenil ouvida na época da pesquisa, ressaltou a importância que deveria ser dada à leitura como possibilidade de prática de lazer, devendo ser estimulada pela escola. Para isso, ela indicou três fatores: boa alfabetização, livros adequados às faixas etárias e valorização dos livros pela sociedade.

A pesquisa apontou ainda que apenas 57% dos entrevistados praticavam algum esporte. Entre os 43% restantes, os principais motivos alegados pelos adolescentes para não exercerem prática esportiva foram falta de interesse (37% das respostas), falta de tempo (29%) e falta de infraestrutura (10% das respostas). Segundo os entrevistados, políticas públicas deveriam promover a construção de espaços para práticas esportivas e melhorar os já existentes, incluindo o acesso a tais espaços.

Muitos projetos sociais buscam pelo esporte uma melhoria na qualidade de vida e a promoção de cidadania para adolescentes e jovens. Um exemplo é a Vila Olímpica da Mangueira, criada em 1987. Além do esporte, os projetos sociais da Mangueira contemplam hoje cultura, educação e inclusão digital não só para jovens e adolescentes como também para idosos.

ADULTO

Esse ciclo vai dos 25 aos 59 anos de idade. Como abrange uma extensa faixa etária, compreende não só os adultos que estão ingressando no mercado de trabalho como também aqueles que estão consolidando sua formação profissional e os já integrados ao mercado. Essas condições impactam o usufruto do tempo livre para práticas de lazer.

Consideram-se três grandes momentos na vida profissional: primeiro, o ingresso ao mercado de trabalho, o que inclui a percepção do que foi aprendido na escola para a prática profissional; segundo, a trajetória a ser percorrida; terceiro, a preocupação com o futuro. Ou seja, o sujeito entra no mundo do trabalho, estabelece trajetórias de crescimento profissional e, então, estuda as possibilidades da vida como aposentado.

A vida adulta pressupõe estabilidade, mas isso não significa que ela seja estática. Ela é marcada por períodos de transição, quando o sujeito se reavalia recompondo a forma de ver o mundo e a si mesmo. Afinal, nesse ciclo, é necessário assumir novos papéis e suas implicações (ser filho/filha, ser pai, ser mãe, ser estudante, ser profissional etc.), o que gera inevitáveis conflitos entre o conhecido e o novo.

A necessidade de dar respostas aos novos problemas leva a pessoa a momentos de aprendizagem. Parece fundamental o desenvolvimento de diferentes formas do brincar nessa fase, uma vez que o lúdico é a base de criatividade, inventividade e descobertas, essenciais nas atividades artísticas e científicas.

O lazer dos adultos passa pelo acesso a mídias sociais e a estabelecimentos como shoppings centers, entre outros. Há maior aproximação com a representação (*mimicry*) nas atividades de lazer dessa fase.

Diversos estudos demonstram relativo sedentarismo no ciclo adulto e a opção pela mídia televisiva como prática habitual de lazer. Se levarmos em conta o estresse diário que pode haver no ambiente profissional e o tempo de deslocamento entre a residência e o trabalho, podemos entender a opção por lazeres mais passivos. Nesse quesito, deve-se levar em conta também que os adultos normalmente são modelos de comportamento. A tendência de crianças e adolescentes copiarem suas práticas pode gerar certa acomodação nos costumes, por exemplo. Os estudos apontam ainda maior prática de atividades de lazer por parte dos homens do que entre as mulheres. Uma hipótese para esse comportamento é a "dupla jornada" das mulheres que trabalham fora e, ao voltar para casa, continuam responsáveis pelos afazeres domésticos.

A falta de equipamentos públicos de lazer nas grandes periferias urbanas também dificulta o acesso a práticas mais ativas. Não devemos, contudo, menosprezar as atividades sociais que são estabelecidas por uma parcela desse grupo, como viagens comunitárias ou campeonatos de futebol de várzea, entre outros exemplos. O lazer também acontece para essa faixa etária, à revelia das adversidades impostas pelo contexto socioeconômico em que vivem.

Tempo livre para aprender

O carnaval é uma atividade de lazer bastante disseminada entre os adultos em todo o Brasil. Todos podem ser quem quiserem ser; o simulacro dá o tom da brincadeira: rei, pirata, colombina... a festa só termina na quarta-feira!

O antropólogo Roberto da Matta (1997) traz em *Carnavais, malandros e heróis* uma reflexão sobre essa grande festa popular. Na obra, Da Matta discorre sobre como o carnaval e os malandros nele presentes refletem os problemas e dilemas concebidos pela sociedade que os criou.

Sugestão de livro

MATTA, Roberto da. *Carnavais, malandros e heróis: para uma sociologia do dilema brasileiro.* Rio de Janeiro: Rocco, 1997.

Outra questão relevante neste ciclo consiste nas relações estabelecidas entre a religião e o lazer. Muitos adultos encontram nos grupos religiosos a oportunidade de convívio e vínculo social; acabam transformando as atividades nas igrejas em seus momentos de socialização e diversão. Os grupos religiosos comunitários ofertam possibilidades de lazer não só para os adultos como também para crianças, adolescentes, jovens e idosos por meio de viagens, teatro, música, quermesses, festas de casamentos, batizados etc.

O ciclo adulto fica marcado pelas práticas que o sujeito desenvolveu ao longo de sua vida. Não de forma determinista, é claro, mas aqueles que incorporaram o lazer desde a infância estarão mais propensos a continuar dando importância a ele.

IDOSO

O ciclo de vida do idoso inicia-se aos 60 anos. A estrutura demográfica brasileira vem se alterando nas últimas décadas. Dados do Censo 2010 do Instituto Brasileiro de Geografia e Estatística (IBGE) apontam para um país de cabelos brancos.[2] A redução da taxa de natalidade e o aumento da expectativa de vida da população indicam um rápido envelhecimento dos brasileiros e a necessidade premente de planejar e reprogramar estratégias para assegurar os direitos dos idosos, exigindo que ações públicas sejam tomadas. O direito ao lazer segue nesse caminho.

O Estatuto do Idoso, em seu art. 3º, diz:

> É obrigação da família, da comunidade, da sociedade e do Poder Público assegurar ao idoso, com absoluta prioridade, a efetivação do direito à vida, à saúde, à alimentação, à educação, à cultura, ao esporte, ao lazer, ao trabalho, à cidadania, à liberdade, à dignidade, ao respeito e à convivência familiar e comunitária. (BRASIL, 2003)

É nessa faixa etária que a preocupação com a aposentadoria se torna mais presente. E é nessa fase também que duas ideias de estereótipos inspiram cuidado. Há um grupo que vê o idoso como um ser em decadência e, por isso, impossibilitado de muitas práticas de lazer. E há

2 Ver http://censo2010.ibge.gov.br. Acesso em 21/6/2018.

quem pense que o aposentado tem tempo de sobra para o lazer, que práticas estarão disponíveis e acessíveis facilmente; vê essa fase como a "melhor idade" e não considera questões de dificuldade física. A aparente democratização do lazer não se efetiva na prática.

Conhecemos muitos idosos ainda operantes, trabalhando, seja por opção, seja por necessidade. Nesses casos, podem não reservar tanto tempo assim para o lazer.

Mas, longe de ser obrigado a continuar trabalhando, o idoso pode seguir sua vida e optar pela desocupação, não sendo necessário se desculpar por isso. É preciso ter em mente que as oportunidades de lazer devem complementar a vida do idoso para melhorar sua qualidade de vida, oportunizar relacionamentos e não apenas para preencher um tempo que supostamente deve estar "ocupado".

Pode parecer estranho, mas é preciso educar o idoso para o lazer. Apesar de já ter contribuído com sua parcela de trabalho para a sociedade, o idoso pode se sentir envergonhado com o ócio. Ele deve entender o lazer como direito inalienável.

Verdade que temos parcela significativa de idosos com barreiras econômicas, impedindo-lhes acesso a uma qualidade de vida que contemple práticas de lazer e assegure sua saúde. Muitos dependem essencialmente do valor de suas aposentadorias para sobreviver. Por isso, iniciativas dos governos (municipal, estadual e federal) são muito bem-vindas na assistência ao idoso. Há muito tempo ações públicas e do Terceiro Setor ofertam atividades de lazer gratuitas.

Nessa perspectiva, o lazer deve apresentar-se diverso e adequado às limitações do idoso. Há de se pensar no oferecimento de práticas que contemplem interesses culturais diversificados, dando ao idoso a liberdade de escolha, não por modismos ou para provar que ainda é jovem, mas para que o lazer resulte em benefícios para sua vida.

Lazer para idosos

Algumas administrações municipais vêm apresentando iniciativas de atendimento à saúde e à educação na terceira idade. Por exemplo, em 2011, na cidade paulista de São Caetano do Sul, o projeto denominado Casa Dia do Idoso objetivava ter várias casas nas quais os idosos fossem recebidos durante o dia, para que os familiares ou responsáveis pudessem trabalhar com maior tranquilidade. Uma espécie de "creche" para adultos, com geriatra, dentista, cuidadores e recreadores (CARVALHO, 2011).

Em âmbito federal, uma iniciativa de destaque serviu para incluir, no mercado de viagens, pessoas com mais de 60 anos, aposentados e pensionistas: o programa Viaja Mais Melhor Idade. Descontos, condições especiais e serviços personalizados proporcionaram a esse público a chance de usufruir dos benefícios da atividade turística.[3]

3 Ver http://www.viajamais.gov.br/vm/. Acesso em 14/6/2018.

> Já o trabalho social com idosos do Sesc é pioneiro no país. Seus programas visam a uma melhor qualidade de vida, possibilitando a interação desse público com pessoas de todas as idades por meio de atividades em grupo. Os projetos privilegiam a cidadania, o lazer e a educação, respeitando as características regionais de cada grupo, e acontecem em unidades de todo o país.[4]

Os programas de lazer – tanto os públicos como os privados – são importantes na medida em que colocam o idoso em contato consigo mesmo e com o mundo, possibilitando-lhe a ressignificação de sua existência, a aceitação de si e a manutenção da autoestima e da qualidade de vida. Isso ajuda de forma positiva em seus relacionamentos pessoais e em sua autonomia.

Alguns estudos revelam forte correlação entre a prática de atividades de lazer e o desempenho cognitivo dos idosos, bem como a correlação inversa entre não prática e sintomas de depressão. Entre essas práticas, algumas bastantes citadas são participação em grupos de convivência, viagens, danças, atividades físicas, música e teatro.

Por fim, é importante considerar que as práticas de lazer não devem ser excludentes e que, por meio delas,

4 Ver http://www.sesc.com.br/portal/Assistencia/Trabalho+Social+com+Idosos/Atividades. Acesso em 14/6/2018.

o idoso pode e deve conviver com pessoas de todas as idades. A sensibilidade do profissional de lazer é fundamental para assegurar essa inclusão, bastando para isso eventuais adequações nas práticas escolhidas.

Tempo livre para aprender

No artigo "O idoso e a ressignificação emocional do lazer", dois pesquisadores da Universidade Estadual Paulista Julio de Mesquita Filho (Unesp) de Rio Claro apresentam os resultados do trabalho realizado com um grupo de idosos da cidade paulista de Araras. Esses idosos eram participantes do programa Ativa Idade: uma Proposta de Ação Educativa no Âmbito do Lazer.

O estudo identificou aspectos emocionais na percepção de idosos durante vivências no lazer. Os dados foram coletados por meio de questionário e ressaltaram, em seus resultados, que as práticas de lazer possibilitaram aos participantes novos conhecimentos e amizades. Além de se sentirem bem, valorizados, entretidos, os idosos perceberam uma possibilidade de melhoria na qualidade de vida com as atividades lúdicas.

Sugestão de leitura

DE GÁSPARI, Jossett Campagna & SCHWARTZ, Gisele Maria. "O idoso e a ressignificação emocional do lazer". Em *Psicologia: teoria e pesquisa*, 21 (1), jan.-abr. de 2005. Disponível em http://www.scielo.br/pdf/ptp/v21n1/a10v21n1.pdf. Acesso em 14/6/2018.

GRUPOS DIFERENCIADOS

Somente pelo respeito às diferenças poderemos almejar a igualdade: reconhecer e respeitar limitações assegura oportunidades para a inclusão de públicos de perfil diferenciado. Nas práticas de lazer, esses princípios são determinantes para a competência do profissional que trabalha no setor.

PESSOAS COM DEFICIÊNCIA

A pessoa com deficiência física, sensorial ou intelectual possui alguma impossibilidade de movimento, percepção ou entendimento. A deficiência pode ser ortopédica, neurológica, congênita, adquirida, progressiva, permanente, temporária, aguda ou crônica.

Quanto à deficiência física, as principais barreiras podem ser arquitetônicas e/ou estruturais das cidades, que implicam principalmente problemas de deslocamento. Outros empecilhos a serem vencidos são os preconceitos e as consequentes atitudes para com as pessoas com deficiência ou até por parte delas mesmas, por não aceitarem suas limitações.

Mobilidade e acessibilidade são temas presentes e de destaque nas discussões sobre inclusão, mas há de se considerar que a cidade deve estar preparada para muito além de permitir que cadeirantes ou cegos possam circular com dignidade. O exercício pleno da cidadania deve chegar a esses sujeitos de forma a possibilitar-lhes acesso a todas as atividades que a cidade oferece, incluindo acesso às práticas de lazer.

Lazer acessível

Em 2014, foi implantado em Salvador (Bahia) o projeto Para-Praia, com o objetivo de promover a acessibilidade de pessoas com deficiência ou com mobilidade reduzida às praias da capital baiana (PROJETO..., 2014). Os banhistas eram assistidos por uma equipe de fisioterapeutas da Escola Bahiana de Medicina e Saúde Pública, com o auxílio de cadeiras anfíbias (flutuáveis). Banheiros adaptados, tendas e pistas de acesso à praia facilitavam a chegada das pessoas com deficiência ou com mobilidade reduzida.

No Rio de Janeiro, um projeto semelhante, ainda em vigor: o Praia para Todos, a fim de que pessoas com deficiência tomem banho de mar assistido e participem de atividades esportivas adaptadas (vôlei sentado de praia, surf e frescobol, entre outras). As ações – organizadas pelo Instituto Novo Ser[5] – incluem a instalação de esteiras e rampa (para facilitar o acesso), de banheiros adaptados e de sinalização sonora no semáforo (para cegos). Profissionais de educação física, fisioterapeutas, terapeutas ocupacionais e voluntários dão assistência aos participantes.

5 Ver http://www.novoser.org.br/projeto_ppt.html. Acesso em 21/6/2018.

Outro exemplo de lazer acessível é promovido pela Associação Laramara, organização da sociedade civil de apoio à inclusão educacional e social da pessoa com deficiência visual: cegos, baixa visão ou múltipla deficiência. A Laramara é reconhecida por se preocupar em garantir o direito das crianças com deficiência visual a brincar e a aprender de maneira lúdica e prazerosa.[6]

GRUPOS EM ATIVIDADE LABORAL

Algumas ações relacionadas às práticas de lazer acontecem dentro do ambiente de trabalho. Além do salário, muitos fatores compõem o *ranking* das melhores empresas para trabalhar. O cuidado com os colaboradores, a abertura para o diálogo, a ouvidoria, o plano de carreira, o sentimento de orgulho de fazer parte da equipe, a confiança na chefia são pontos considerados por quem procura um emprego. O ambiente de trabalho assim torna-se uma extensão da vida cotidiana em seus melhores momentos.

Empresas de concepção mais moderna vêm aliando lazer e trabalho com o intuito de combater o estresse e, consequentemente, evitar o bloqueio de criatividade ou de entusiasmo. Algumas oferecem academia de ginástica (seja dentro de suas instalações ou conveniadas),

6 Ver http://laramara.org.br/. Acesso em 21/6/2018.

televisão, *game*, sala de jogos ou de despressurização, enfim, oportunidades para o relaxamento durante a jornada. Isso é mais um atrativo para os colaboradores.

Um exemplo bastante conhecido é a Google, cujo ambiente apresenta recursos diversos com o intuito de estimular a criatividade das pessoas que ali trabalham: decoração moderna, salão de jogos, espaços ao ar livre, sala para despressurização, escorregador entre um andar e outro e sala de leitura com poltronas confortáveis, entre outros.

Essas ofertas de quebra da rotina no horário de trabalho propiciam ao ser humano um reencontro com sua essência lúdica e, por conseguinte, liberam a criatividade para a solução de problemas.

GRUPOS EM SITUAÇÃO DE VULNERABILIDADE

Um sujeito em condição de exclusão encontra muitas barreiras para o acesso às práticas de lazer. Alguns exemplos são as exclusões referentes a gênero e etnia, as econômicas, as de classe social. Cada uma delas demanda empenho do profissional de lazer para que sejam superadas durante as atividades.

Podemos considerar as minorias sociais sob dois aspectos: a proporção numérica, ou seja, grupos constituídos por um menor número de membros (por exemplo, os transexuais), e a possibilidade de acesso ao poder, ou seja, grupos que têm um número expressivo de membros, mas pouco acesso às instâncias de poder (por exemplo, os negros).

As minorias, como se sabe, sofrem preconceito e discriminação em razão dos estereótipos retrógrados que a sociedade lhes impõe e que as deixam à margem social. Algumas pessoas sofrem mais de um preconceito: um negro, pobre e homossexual está à mercê de preconceitos de raça, classe social e gênero, por exemplo.

No lazer, a questão não se dá de maneira muito diferente. Não podemos assumir uma visão romântica da realidade e acreditar que todos os preconceitos e barreiras vão ser vencidos pelas práticas inclusivas, entretanto há de se oferecer oportunidade de lazer a todos, indistintamente, para que o acesso à cidadania se faça de maneira igualitária.

Cabe ao profissional de lazer, portanto, um olhar cuidadoso e livre de preconceitos, para ser mais um no combate à discriminação, seja ela qual for, durante as atividades de lazer que coordene ou acompanhe.

Muitos projetos funcionam nessa lógica, procurando vencer barreiras e unir as diferenças. Pode-se citar, como exemplo, o trabalho da OSC Saúde & Alegria. O Projeto Saúde & Alegria[7] atua na Amazônia com o objetivo de

---

7 Ver http://www.saudeealegria.org.br/. Acesso em 21/6/2018.

promover e apoiar processos participativos de desenvolvimento comunitário integrado e sustentável, com vistas à melhoria da qualidade de vida e do exercício da cidadania.

Tempo livre para aprender

A partir da década de 1980, as preocupações com o lazer começaram timidamente a fazer parte de programas governamentais. O pesquisador Victor Andrade de Melo, em seu livro *Lazer e minorias sociais*, faz reflexões sobre como a ordem social relega um papel periférico ao lazer e à cultura quando se trata de minorias sociais. Defende que o lazer se constitui em um excelente objeto para intervir de forma pedagógica na busca da construção de novos valores na sociedade e que o direito de acesso aos bens culturais deve ser respeitado.

Sugestão de livro

MELO, Victor Andrade de. *Lazer e minorias sociais*. São Paulo: Ibrasa, 2003.

[RELEMBRE]

Neste capítulo, você pôde compreender o perfil de diferentes públicos que buscam as práticas de lazer: crianças, adolescentes, jovens, adultos e idosos. Além de uma classificação do público pela faixa etária, vimos as possibilidades de lazer sob outros aspectos: para pessoas com deficiência, em atividades laborais ou em situação de vulnerabilidade social.

Atividade 1

Você foi contratado para atuar no clube de funcionários de uma indústria. Ao observar os momentos de lazer no horário de almoço dos colaboradores, você percebeu a possibilidade de ampliar a oferta de atividades no período pós-almoço. Elabore um quadro, elencando os espaços e as atividades já praticadas e as sugeridas. Identifique a existência de colaboradores com deficiência e sugira atividades de lazer para esse público.

Atividade 2

Você foi convidado a desenvolver um projeto de atividades de lazer para uma organização comunitária situada em uma região de alta vulnerabilidade social. Faça um levantamento de programas público-governamentais (em sua região) que já estão em funcionamento e verifique a possibilidade de esses programas serem implantados na comunidade na qual você está atuando.

Capítulo 4

PERFIL PROFISSIONAL E MERCADO DE TRABALHO

A Constituição de 1988, conhecida como a Constituição Cidadã, trouxe um novo cenário para as práticas, os programas e os estudos no campo do lazer no Brasil. Assegurado como direito social ao cidadão brasileiro, o lazer passou a ser reconhecido como prática social legítima, e, a partir de então, muito se tem feito para dinamizar políticas públicas que possam democratizar o acesso ao lazer. Nem sempre as políticas públicas foram eficazes, mas deve-se considerar que estamos hoje em uma condição bastante melhor que a de antes desse período.

Fruto do processo histórico, as práticas de lazer vêm sofrendo alterações em seus significados e ofertas. O lazer transitava por alternativas ligadas à natureza e ao convívio social e, atualmente, é industrializado e comercializado. Paradoxo da contemporaneidade, o lazer é direito social e, ao mesmo tempo, mercadoria.

Tempo livre para aprender

O lazer na qualidade de atividade lúdica aparece como necessidade humana, ao lado das necessidades básicas e não abaixo delas, como na música "Comida", sucesso dos Titãs.

Sugestão de música

Titãs. "Comida". Arnaldo Antunes, Marcelo Fromer e Sérgio Britto. Em *Jesus não tem dentes no país dos banguelas*. WEA, 1987.

As práticas no campo do lazer são impulsionadas e oferecidas por iniciativas públicas, privadas e do Terceiro Setor, em formato de serviço ou gratuitamente (não por isso menos importante). Abrem-se, portanto, as portas para que profissionais dos mais diversos segmentos integrem esse campo de trabalho.

A tônica da atuação no lazer passa pela interdisciplinaridade e pela multiprofissionalidade. Por multiprofissionalidade entendemos a participação de vários profissionais com formações distintas em um mesmo espaço ou projeto relacionado ao campo lazer. É muito comum, por exemplo, no setor público ou no privado, que a oferta das práticas ou dos serviços relacionados a lazer seja executada por equipes nas quais se pode perceber a atuação de profissionais ligados a urbanismo, educação, cultura, artes, educação física e administração, entre outras áreas. Por interdisciplinaridade compreende-se o aporte necessário de conhecimento de diversas áreas profissionais para que um bom programa de lazer possa ser oferecido à população, seja por parte do setor público, do privado ou do Terceiro Setor.

Quem opta por trabalhar com lazer deve ter em mente, portanto, que vai atuar em conjunto com profissionais de diversas áreas do conhecimento. E saber que essa diversidade será requisitada em vários momentos, seja na elaboração de equipamentos de lazer (arquitetos, engenheiros), seja no desenvolvimento de planos dc manejo para unidades de conservação ou UCs (biólogos, agrônomos, engenheiros ambientais), seja na promoção de um destino turístico (geógrafos, agentes de viagens, gestores públicos, turismólogos), seja na recreação (atores, professores de educação física).

PERFIL PROFISSIONAL

As práticas de lazer ocorrem em tempo e espaço específicos; dependem do comportamento do sujeito; buscam propiciar o descanso, a diversão e o desenvolvimento intelectual; e são oferecidas por meio de atividades que contemplem os diversos interesses culturais, sejam eles intelectuais, físico-esportivos, manuais, sociais, artísticos, turísticos ou ligados ao universo do uso do tempo livre no âmbito dos jogos eletrônicos, dos *games* e da internet.

O mercado de trabalho exige do profissional o domínio de mais de uma competência. Assim, quanto mais aberto ao mundo ele estiver, mais apto vai estar a compreender os distintos momentos e públicos, ofertando conteúdos mais próximos dos participantes e do contexto histórico, cultural e social em que estão inseridos.

O profissional de lazer deve ser capaz de compreender as características, necessidades e potencialidades de grupos e comunidades para, assim, organizar, propor, executar e avaliar programas e projetos de lazer e recreação, mobilizando pessoas, instituições e recursos para realizá-los.

Ele vai transitar mais diretamente por duas áreas: a animação sociocultural e a gestão. Deve-se cuidar da confusão estabelecida que vê a formação do profissional apenas como animador ou um planejador de atividades de recreação. O profissional do lazer também pode atuar como gestor, capaz de mobilizar recursos materiais e humanos para uma ação efetiva das mais diversas atividades, bem como de projetos e programas de lazer.

Os projetos de lazer, como já dito, requisitam a ação multiprofissional e envolvem não só as etapas de implantação das atividades. Iniciam-se já na determinação do local, no dimensionamento, na construção, passam pela implantação das atividades e continuam no decorrer do exercício dessas atividades, por meio de consulta aos usuários sobre possíveis alterações ou novas necessidades e constante monitoramento ou animação do uso do espaço.

Brinquedoteca: animação sociocultural e gestão

Pensemos na implantação de uma brinquedoteca, seja ela direcionada para um programa público (em um parque municipal, por exemplo), do Terceiro Setor (por exemplo, uma casa de cultura administrada por uma OSC) ou da iniciativa privada (por exemplo, em um shopping center).

Idealizar uma oficina de brincadeiras para um grupo de crianças, por exemplo, não pode contar apenas com desenhos e pinturas, em especial de personagens dos quais elas mal ouviram falar. As crianças também não devem ficar sentadas e receberem tudo pronto em uma sala fechada denominada "Brinquedoteca", como encontramos em muitos programas de lazer.

Desenvolver um projeto de lazer para a implantação de uma brinquedoteca envolve desde o planejamento desse espaço, que deve ser pensado por uma equipe multiprofissional, até os objetivos que ela busca alcançar perante o público-alvo.

Assim, com relação ao profissional do lazer, ele deve se perguntar para que serve uma brinquedoteca. E, como resposta primordial, ter em mente que ela deve objetivar fazer seu público mais feliz por meio de vivências lúdicas. Para além do contato com a ludicidade inerente ao ser humano, uma brinquedoteca pode promover um espaço de aprendizagem, sociabilidade, desenvolvimento intelectual, da autoestima e da criatividade, bem como auxiliar no equilíbrio emocional, com práticas que promovam o contato lúdico entre o seu público e as brincadeiras, os brinquedos e os jogos.

Uma brinquedoteca está voltada principalmente ao público infantil, devendo propiciar atividades livres que possibilitem o lazer e o brincar, essencialmente; que permita a essas crianças o exercício de ser criança. Pode permitir também atividades das quais os adultos participem e nas quais interajam com as crianças.

Para a elaboração do projeto, é preciso pensar onde será construída, a estrutura física, a capacidade de atendimento, o horário de funcionamento, os custos e materiais utilizados na construção, enfim, tudo o que envolva a implementação do espaço. Para tal, vários profissionais estarão envolvidos.

Construída a brinquedoteca, deve-se partir para a determinação do projeto pedagógico que vai nortear as atividades oferecidas. Apesar de a brinquedoteca estar destinada a atividades do brincar, há de se fundamentar sua proposta de atuação, para que esse brincar ofereça oportunidades educativas que sejam significativas.

A presença do animador sociocultural pode ser o agente catalisador desses aspectos, se entendermos a animação sociocultural na qualidade de pedagogia social que oferece oportunidades de educação em um ambiente diferente do escolar.

Essa brinquedoteca pode, por exemplo, oportunizar o contato com colagens, pinturas, artesanatos, teatro, cinema, reciclagens, culinária, com estações de trabalho criadas para cada tema. Dessa forma, a criança pode transitar por todas elas, de acordo com a sua vontade, preferencialmente em um espaço aberto que também lhe permita fazer novos amigos, conversar, socializar-se e criar.

Essa brinquedoteca estará apta a iniciar suas atividades quando estiverem estabelecidos seu projeto pedagógico e seus objetivos e for gerida por equipe multiprofissional.

Cada vez mais deve-se considerar, como tendência real e efetiva, a necessária articulação das atividades de lazer com a educação em seu sentido mais amplo, ou seja, formal e não formal. As políticas de educação devem voltar-se aos espaços públicos, às práticas de lazer e às intervenções educativas que ocorrem simultaneamente para além dos muros das escolas. Deve-se considerar o conceito de "cidades educadoras", nas quais a cidade é vista como território educativo e, portanto, os diferentes espaços, tempos e atores são compreendidos como agentes educadores, que asseguram a formação do sujeito para além da escola, utilizando-se do espaço urbano como oficina de aprendizagem nas diversas oportunidades de aprender e ensinar. A cidade passa a ser um imenso laboratório de aprendizagem, e a educação assume-se como instrumento para a inclusão social. Para tal, é necessário mobilizar recursos da educação para a capacitação profissional e para a manutenção de um programa de práticas de lazer promovendo a aprendizagem em todos os momentos. Esse é um espaço privilegiado de atuação para o profissional do lazer.

Animação sociocultural

Pode-se entender a animação sociocultural como um conjunto de práticas sociais lúdicas, voltadas para a inclusão das populações nos processos de desenvolvimento humano (social, político, econômico, cultural) como protagonistas da transformação de sua própria história.

> Convém referir que o nosso entendimento de Animação Sociocultural coincide com uma concepção definida pela Unesco (1977) que a toma por um conjunto de práticas sociais que visam estimular a iniciativa e a participação das populações no processo do seu próprio desenvolvimento, e na dinâmica global da vida sociopolítica em que estão integradas. Uma Animação assim entendida remete-nos para uma noção de participação comprometida com o processo de transformação da sociedade, com implicações de ordem econômica, política, cultural e educativa. (LOPES, 2006-2007, p. 2)

Portugal, assim como outros países, tem estudos relevantes nesse campo e possui inclusive um Estatuto do Animador Sociocultural, que poderia ser inspirador para o Brasil (APDASC, 2018).

COMPETÊNCIAS PROFISSIONAIS

O profissional de lazer – principalmente atuante sob a perspectiva de um animador sociocultural – deve ter um compromisso de formação permanente que lhe permita transitar por áreas ligadas a cultura, administração e meio ambiente, entre outras, especializando-se naquela com a qual mais se identifica.

Além dessa formação, há a necessidade de um conjunto de valores (éticos e morais) que lhe norteiem a trajetória e a inserção no mercado de trabalho. Mais do que em outros segmentos, esse profissional precisa estar apto a lidar com pessoas e administrar conflitos.

Entre as principais competências do profissional, podemos destacar liderança, inovação, criatividade, proatividade, comprometimento, dinamismo, comunicação, ética, organização, responsabilidade, trabalho em equipe, administração de conflitos.

Na elaboração de uma brinquedoteca, retomando o exemplo da página 133, o profissional de lazer responderá a um líder, mas também terá sob sua responsabilidade, pelo menos, a equipe de animadores socioculturais que vão elaborar e implementar as atividades de lazer. Para tanto, terá de harmonizar-se com a equipe no intuito de alcançar os objetivos propostos por seu líder, bem como estimular o grupo sob sua responsabilidade para que os objetivos por ele traçados também sejam atingidos, gerenciando possíveis conflitos entre os atores envolvidos. Administrar conflitos não é relevar posições; é entendê-las, discuti-las, mediar e negociar ações que convirjam para a melhor solução para o grupo e não para interesses pessoais.

Além disso, para que o projeto de lazer dessa brinquedoteca seja inovador e criativo, esse profissional deve ter a capacidade de criar, produzir, inventar coisas novas ou, ainda, dar novos significados de uso ao que já existe.

Cabe a ele, ainda, possibilitar o exercício da criatividade aos atores sociais envolvidos nas práticas de lazer. Saraus, dramatizações e rodas de leitura entre adultos e crianças podem se constituir em uma nova forma de estimular a poesia, por exemplo.

A tônica de um projeto inovador é a proatividade. O profissional de lazer proativo é aquele sujeito que percebe as coisas ao seu redor, antecipando conflitos, problemas e erros, minimizando-os ou resolvendo-os antes que aconteçam. Estar comprometido com o projeto dinamizando soluções, buscando melhores resultados, pode fazer a diferença entre o sucesso e o fracasso da brinquedoteca, por exemplo.

O profissional de lazer precisa, necessariamente, desenvolver a capacidade de comunicação, pois vai estar o tempo todo intermediando atividades entre grupos de pessoas. É também fundamental manter a conduta ética de cuidado com o outro e de respeito para com a individualidade de cada um.

Além de todas essas características, o profissional de lazer precisa ser organizado e responsável e saber trabalhar em equipe, competências indispensáveis a qualquer profissional que queira estabelecer uma carreira promissora e segura.

Por fim, o profissional de lazer deve ter a visão direcionada ao futuro, a fim de que projetos inovadores sejam criados. É importante estar aberto e atento às novas tendências do mercado, bem como às transformações sociais, com o intuito de incorporar o novo às suas técnicas de trabalho e atender ao público de acordo com suas necessidades.

Um exemplo é saber reconhecer as manifestações populares e compreender seus significados. Às vezes, isso é fundamental para se comunicar de maneira adequada com grupos de determinados locais, respeitando suas especificidades, ou para promover o exercício da criatividade dos atores sociais envolvidos nas práticas de lazer, ajudando-os a produzirem coisas novas.

Como exemplo, temos a Feira da Kantuta, em São Paulo, uma manifestação popular muito específica. O objetivo da feira consiste na afirmação cultural e no lazer de um grupo de imigrantes bolivianos. Nela, são vendidos produtos da gastronomia e do folclore da Bolívia, por meio de suas músicas, festas e danças. Como é aberta ao público, brasileiros e pessoas de outras nacionalidades podem fruir da cultura dos imigrantes. Alguns produtos são trazidos do país vizinho, como as batatas congeladas (*chuño* e *tunta*), milhos e temperos. Não há uma adaptação culinária – por exemplo, troca pela batata-inglesa –, o que possibilita que pratos típicos originais daquela cultura sejam saboreados. Brasileiros e bolivianos convivem com suas diferenças, e o lazer passa pelo respeito à manutenção de tradições ancestrais.

Ainda em relação à postura inovadora, deve-se compreender a incorporação das novas tecnologias no campo do lazer não com preconceito, mas como ampliação de repertório de possibilidades de uso do tempo livre. Se os jogos de outrora levavam crianças e jovens a convívio social aparentemente mais intenso, os *smartphones*, os computadores e a vida digital viabilizam hoje uma socialização diferenciada, que ocorre em tempo e espaço diferentes, mas nem por isso menos intensa e rica.

Há de se cuidar para não discriminar nenhuma prática de lazer, seja ela antiga ou moderna, e estar aberto ao novo sem menosprezar as experiências vividas: esta talvez seja a tônica da nossa era.

Mais adiante, neste livro, vamos percorrer algumas iniciativas que se apresentam como tendência das práticas de lazer, tanto nas políticas públicas como no empreendedorismo privado e no Terceiro Setor. Todas elas se configuram como campo de trabalho para o profissional do lazer.

MERCADO DE TRABALHO

Com a maior competitividade no mercado de trabalho, mais do que nunca é preciso investir em capacitação profissional e munir-se de boa dose de proatividade e criatividade para encontrar oportunidades em ambientes não tradicionais. No setor de serviços, categoria em que se encontra o profissional do lazer, não é diferente.

Cada vez mais o mercado busca profissionais aptos e dispostos a atuar em mais de uma atividade, exigindo formação continuada daqueles que pretendem ingressar no campo de atuação do lazer e encontrar algum destaque em sua carreira.

Portanto, cabe a esse profissional abrir-se para novas experiências e vivências, ver na diversidade a oportunidade de superação e escolher, entre o setor público, a iniciativa privada ou o Terceiro Setor, aquele que mais se alinha ao próprio perfil.

SETOR PÚBLICO

Também conhecido como setor estatal, envolve parcela do Estado que lida com a produção, a entrega e a distribuição de bens e serviços para o próprio governo ou para os cidadãos. Por exemplo: prover a segurança e a defesa nacional; garantir o planejamento e a administração urbana; promover a educação, a saúde e o lazer.

O lazer está incluído no Ministério do Esporte, na pasta da Secretaria Nacional de Esporte, Educação, Lazer e Inclusão Social (Snelis). A secretaria é responsável pela implantação de diretrizes relacionadas aos programas esportivos, educacionais, de lazer e de inclusão social. Também realiza proposições sobre assuntos relacionados à sua área para compor a política e o Plano Nacional de Esporte. Como na legislação brasileira a temática do esporte aparece bastante vinculada às possibilidades do lazer, é perfeitamente compreensível que parte da política de esportes também incida sobre os programas e as práticas de lazer e, por vezes, não apenas nos chamados lazeres físico-esportivos.

Alguns dos programas e ações do Ministério do Esporte são os apresentados a seguir.[1]

- **Segundo Tempo:** tem o objetivo de democratizar a prática e a cultura do esporte, promovendo a cidadania, especialmente em áreas de vulnerabilidade social.
- **Esporte e Lazer da Cidade (Pelc):** com o *slogan* "O lazer vai tomar conta da cidade e a cidade vai tomar conta do lazer", o programa possibilita a prática de atividades físicas, culturais e de lazer a todas as faixas etárias, incluindo pessoas com deficiência. Estimula o convívio social e a formação de gestores e lideranças comunitárias, além de favorecer a pesquisa e a socialização do conhecimento.
- **Jogos dos Povos Indígenas:** têm como *slogan* "O importante não é competir, e sim celebrar" e buscam a integração das diferentes tribos indígenas, bem como o resgate e a celebração das culturas tradicionais. São organizados pelo Comitê Intertribal Indígena em parceria com o Ministério do Esporte.

1 Ver http://www.esporte.gov.br/index.php/institucional/esporte-educacao-lazer-e-inclusao-social. Acesso em 21/6/2018.

- **Rede Cedes (dos Centros de Desenvolvimento de Esporte Recreativo e Lazer):** integrada ao Pelc, tem o objetivo de desenvolver científica e tecnologicamente o esporte e o lazer.
- **Prêmio Brasil de Esporte e Lazer de Inclusão Social:** consiste no reconhecimento de iniciativas que contribuam para a qualificação das políticas públicas de esporte e lazer de inclusão social. Insere o Ministério do Esporte na agenda de ciência e tecnologia, em parceria com outros setores sociais. As categorias do prêmio são Dissertação, Tese e Pesquisa Independente; Monografias de Graduação e Especialização; Relato de Experiência; Ensaio e Mídias.
- **Competições de esporte e lazer:** objetivam suprir a carência de políticas públicas e sociais de lazer por meio de parcerias. São projetos que devem aguardar chamamento público[2] anual.

Nas ações da iniciativa pública, muitas parcerias vêm sendo estabelecidas, seja com outros ministérios, como o da Educação, seja com organizações do Terceiro Setor. Essa intersetorialidade possibilita maior dinamismo na implementação das políticas de lazer em âmbito federal,

2 O chamamento público consiste no instrumento de convocação das organizações do Terceiro Setor para que seja estabelecida parceria entre elas e o poder público.

irradiando-as para os estados e municípios. Embora ainda seja bastante incipiente, não se pode negar que a integração de instituições é uma tendência para que sejam oferecidos projetos e programas de lazer cada vez mais eficientes. Ressalte-se que, em todos esses projetos e programas, o profissional de lazer é requisitado em tarefas administrativas ou nas atividades ligadas mais diretamente às práticas de lazer. É, portanto, um campo de trabalho que se expande.

Cabe aqui reforçar a ideia de que a eficácia de uma política de lazer está vinculada à compreensão de que no âmbito da União, por exemplo, ministérios como Meio Ambiente, Cultura, Turismo, Educação, Transportes também criam ações que incidem direta ou indiretamente sobre o lazer da população, possibilitando que profissionais de setores diversos atuem de forma integrada.

Independentemente de estrutura administrativa, a maioria dos estados e cidades do país hoje conta com ações relacionadas a políticas de lazer, o que também representa um campo de trabalho para os profissionais da área.

Lazer nos estados

Para abordar as políticas de lazer em âmbito estadual, podemos tomar como exemplo duas importantes unidades da Federação: Pernambuco e Rio de Janeiro.

No estado de Pernambuco (em consulta realizada em 2018), esse tema se encontrava abarcado pela Secretaria de Turismo, Esporte e Lazer. A pasta apresentava como meta promover a gestão integrada e articulada com as demais secretarias do estado e com o setor privado para implementar políticas de desenvolvimento e divulgação do turismo e para planejar, coordenar, supervisionar e avaliar os planos e programas de incentivo ao turismo, bem como gerir os recursos desses programas.[3] Ou seja, a descrição das ações ainda se mostrava bastante voltada ao fomento do turismo, denotando a falta de projetos específicos de atendimento à demanda por lazer.

No Rio de Janeiro, também em 2018, as ações da Secretaria de Estado de Esporte, Lazer e Juventude (Seelje) indicavam o incremento das atividades esportivas (olímpicas e não olímpicas) como mola propulsora do desenvolvimento, com poucos projetos específicos de lazer. Entre os projetos de caráter eminentemente esportivo estavam o Centro de Referência da Juventude (CRJ), as academias nas Unidades de Polícia Pacificadora (UPPs) e as escolinhas de modalidades específicas.[4]

3 Ver http://www.pe.gov.br/secretarias/secretaria-de-turismo-esportes-e-lazer/. Acesso em 18/6/2018.

4 Ver http://www.rj.gov.br/web/seelje/listaconteudo?search-type=projetoseprogramas&secretaria=/seelje. Acesso em 18/6/2018.

Os exemplos de Pernambuco (lazer atrelado ao turismo) e do Rio de Janeiro (lazer a reboque do esporte) refletem uma situação comum no país: em geral, as políticas públicas de lazer são vinculadas a outro tema, ou seja, além dos já citados turismo e esporte, temas como cultura, meio ambiente, educação, variando de acordo com a organização administrativa de cada estado da Federação. Independentemente da secretaria à qual a política de lazer esteja vinculada, é fundamental que os programas e projetos nesse campo recebam maiores recursos e autonomia de gestão.

Lazer nos municípios

O atrelamento do lazer às atividades esportivas também se mostra em administrações municipais. Tomando como exemplo a cidade paranaense de Maringá (em consulta realizada em 2018), o tema aparecia vinculado à Secretaria de Esportes e Lazer. O *site* da secretaria não informava programas específicos de lazer, embora disponibilizasse a agenda esportiva do município.[5]

Na cidade gaúcha de Caxias do Sul, o lazer (consulta em 2018) estava sob responsabilidade da Secretaria do Esporte e Lazer, porém as políticas públicas mostravam-se

5 Ver http://www2.maringa.pr.gov.br/esportes/?cod=recreacao. Acesso em 18/6/2018.

mais específicas, com programas de lazer[6] e de recreação[7] informados no *site* da secretaria. Destaque para o Financiamento Municipal de Desenvolvimento do Esporte e Lazer de Caxias do Sul (Fiesporte), voltado a prestar apoio financeiro para implementação e/ou ampliação de programas e projetos voltados a atividades esportivas e de lazer. Ao descrever o projeto, a secretaria ressaltava que "as duas áreas contribuem de forma efetiva para uma melhor qualidade de vida e facilitam a inclusão social, diminuem desigualdades, auxiliam na proteção e valorização da criança, do adolescente, de adultos e idosos".

Esse tipo de estratégia de financiamento por meio da criação de fundações públicas ou mesmo em parceria com instituições do Terceiro Setor vem se constituindo em uma tendência para facilitar a contratação de pessoal e articular projetos de forma mais rápida e eficiente.

Em Curitiba (Paraná), a Secretaria Municipal do Meio Ambiente (SMMA; consulta em 2018) utilizava-se do lazer e da animação sociocultural para que a população pudesse se apropriar dos espaços públicos. Assim, constituía outro exemplo de políticas públicas que reforçam a tendência e a percepção de que o lazer aparece como atendimento em vários outros setores da administração pública.

---

6 Ver https://caxias.rs.gov.br/servicos/esporte-e-lazer/lazer/programas-de-saude-e-lazer. Acesso em 18/6/2018.

7 Ver https://caxias.rs.gov.br/servicos/esporte-e-lazer/lazer/programas-de-recreacao. Acesso em 18/6/2018.

Estudos demonstram que, ao se apropriar dos espaços públicos de lazer, a população guarda sentimentos de identidade, de pertencimento; por consequência, auxilia na defesa e na preservação desses espaços. Trata-se de uma apropriação calcada na ideia de um uso responsável, consciente e, sobretudo, estimulador de um vínculo com os espaços da cidade. Pode-se observar isso nos parques e nas estações de sustentabilidade de Curitiba, que é reconhecida como "Cidade verde". Em seu *site*, a SMMA trazia, em 2018, uma série de informações sobre essas áreas, para promover a integração com a população.[8]

Intersetorialidade nas políticas públicas de lazer

Um outro exemplo de intersetorialidade que dialoga com o tema deste livro é a Academia da Saúde, do Ministério da Saúde.[9] O programa se constitui em polos dotados de estrutura e profissionais para a promoção de atividade física e foi inspirado em iniciativas desenvolvidas em Recife (Pernambuco), Curitiba (Paraná), Vitória (Espírito Santo), Aracaju (Sergipe) e Belo Horizonte (Minas Gerais). Essas iniciativas tinham em comum a prática de atividade física, a presença de profissionais orientadores, o uso e a potencialização de espaços públicos como espaços de inclusão, de lazer e de promoção da cultura da paz, além do fato de serem custeadas e mantidas pelo poder público.

8 Ver http://www.curitiba.pr.gov.br/secretarias/equipamentos/meio-ambiente/26. Acesso em 18/6/2018.

9 Ver http://dab.saude.gov.br/portaldab/ape_academia_saude.php. Acesso em 19/6/2018.

Em Belo Horizonte, o programa municipal BH Cidadania procura descentralizar o atendimento ao cidadão, levando para comunidades mais vulneráveis serviços públicos das áreas de educação, saúde, esporte e lazer, abastecimento, assistência social, cultura, direitos humanos e cidadania, transferência de renda, segurança alimentar e nutricional, inclusão produtiva, inclusão digital e intervenções urbanas.[10]

Temos ainda o exemplo dos Centros de Artes e Esportes Unificados (CEUs) do Ministério da Cultura.[11] A ideia é promover, em um mesmo espaço, ações culturais, esportivas e de lazer, formação e qualificação profissional, serviços socioassistenciais e políticas de prevenção à violência e de inclusão digital em locais de alta vulnerabilidade social nas cidades brasileiras. Em 2016, 357 CEUs estavam em construção, e 58 unidades haviam sido inaguradas nas cinco regiões do país.

É importante ampliar os horizontes, em especial olhar para a prestação de serviços, pois cada vez mais o profissional de lazer será requisitado para apoiar programas e projetos de iniciativa pública. Poderá encontrar ocupação em diversos espaços públicos geridos de forma direta ou indireta pelo Estado, por meio de concurso público ou contratado por uma OSC.

A expectativa do setor é de que cada vez mais tenhamos ações conjuntas entre a inciativa pública, a privada e o Terceiro Setor. O Estado não consegue prover na totalidade

---

10 Ver https://prefeitura.pbh.gov.br/smasac/programas-e-projetos/bh-cidadania. Acesso em 19/7/2018.

11 Ver http://ceus.cultura.gov.br/. Acesso em 21/6/2018.

os serviços de lazer, e muitos espaços públicos acabam sendo terceirizados para a iniciativa privada ou geridos em parceria com o Terceiro Setor. Este é um campo de atuação em ascensão, principalmente em razão das concessões de serviços públicos.

Como exemplo, temos o Parque Ecológico do Tietê, na cidade de São Paulo, no qual uma empresa, por meio de concessão, administra os serviços de pedalinho, trenzinho e locação de bicicletas e triciclos. Ou, ainda, o Parque Nacional do Iguaçu, no estado do Paraná, administrado pela empresa Cataratas do Iguaçu S.A. Caracterizada como Sociedade de Propósito Específico (SPE), a empresa ganhou a concorrência pública aberta pelo Instituto Brasileiro do Meio Ambiente e dos Recursos Naturais Renováveis (Ibama) em 1998 e administra os serviços de lazer do parque, como passeios, traslados, gastronomia etc.

O orçamento público no campo do lazer vem aumentando, seja por meio das secretarias de Esporte e Lazer, seja de outros órgãos que aportem recursos para programas que contemplem práticas de lazer.

Nesse processo gradual de maior importância à promoção de atividades de lazer por parte das secretarias estaduais e municipais ou de outros órgãos públicos, dois grandes gargalos devem ser superados: a melhoria da formação profissional e o aumento do investimento público em programas que envolvam práticas de lazer.

INICIATIVA PRIVADA

Consideram-se iniciativa privada todas as atividades, organizações e instituições constituídas, independentemente de visar ou não a lucro, sem envolvimento do setor público (em qualquer uma de suas esferas – federal, estadual ou municipal). Portanto, qualquer prática desenvolvida por qualquer cidadão e que não receba patrocínio público.

O setor privado vem transformando o lazer em mais um segmento de negócios. A exploração e a comercialização das práticas de lazer têm resultado em projetos extremamente elaborados, com vistas à promoção do desenvolvimento humano, ou em atividades descompromissadas com conteúdos educativos e de transformação social. Nesse ambiente, o profissional de lazer encontra possibilidades das mais diversas, seja empreendendo seu próprio negócio no campo do lazer, seja atuando em projetos de terceiros.

As oportunidades de trabalho são diversificadas e podem ser encontradas nas atividades de lazer dos segmentos apresentados a seguir.

- **Parques aquáticos**, como o Beach Park, em Fortaleza (Ceará), que apresenta atrações para a família, bem como práticas radicais.
- **Parques temáticos**, como o Beto Carreiro World, na cidade de Penha (Santa Catarina). O parque apresenta atrações e atividades diversificadas, como Ilha dos

Piratas, atividades radicais e Velho Oeste, além de zoológico e shows.

- **Clubes privados**, como o Esporte Clube Pinheiros, na capital paulista, fundado em 1899, e hoje o maior clube poliesportivo da América Latina. A instituição promove o esporte recreativo e competitivo, com títulos nacionais e internacionais.
- **Condomínios fechados que disponibilizam infraestrutura de lazer para seus moradores, em maior ou menor grau**. Um exemplo é o Spazio Uno, condomínio localizado na cidade do Rio de Janeiro cujos moradores contam até com um clube privado. Outros exemplos: em São Paulo, a Up Gestão Esportiva, que gere atividades de lazer em condomínios; em Brasília (Distrito Federal), A Esportista, que desenvolve trabalho semelhante.
- **Viagens promovidas por companhias particulares**. Por exemplo, a Cia Lazer, da capital paulista, que desenvolve destinos internacionais e nacionais para grupos das mais diversas faixas etárias.
- **Meios de hospedagem**. Como exemplo, temos acampamentos, hotéis e resorts, entre outros, que desenvolvem projetos e atividades de lazer para atender aos hóspedes de todas as faixas etárias. Esta categoria pode também incluir empresas e grupos, como é o caso do Club Med.

- **Esportes**. Um exemplo é o Grande Prêmio do Brasil de Fórmula 1, realizado na cidade de São Paulo e que movimenta recursos bastante significativos. Eventos esportivos mais modestos são realizados por clubes, escolas, organizações de bairro, condomínios e empresas. Para eles, é necessário suporte de serviços como locação de espaços, contratação de equipes de arbitragem e registro e divulgação por meio de ferramentas da tecnologia da informação e comunicação.
- **Artes**. Shows e espetáculos, gratuitos ou pagos, cada vez mais são patrocinados pela iniciativa privada. Profissionais de lazer podem atuar na produção e na captação de recursos para projetos patrocinados pelas leis de incentivo à cultura; na produção cultural de pequenos espetáculos itinerantes das redes culturais; na elaboração de eventos culturais para associações, empresas e outras organizações que demandam espetáculos de música, dança, teatro, artes plásticas, literatura etc. (por exemplo, a programação de bares). A vida boêmia das cidades pode atender aos mais diversos públicos e promover eventos de lazer lucrativos. Algumas regiões se destacam, como a Vila Madalena, na capital paulista, a Lapa, na cidade do Rio de Janeiro, e a Savassi, em Belo Horizonte.
- **Roteiros turísticos para bares, festas ou restaurantes**. Em São Paulo, o Sampa Beer Tour elabora

roteiros de bares, e o Pub Crawl, de festas (não só na capital paulista como também em Curitiba e na cidade fluminense de Búzios). Em Belo Horizonte, o Boate Bus é alugado por hora e promove eventos e festas particulares dentro de um ônibus especial.

- **Gastronomia**. Restaurantes, feiras gastronômicas e festivais da área estão espalhados pelas cidades do país. São Paulo, conhecida como a capital da gastronomia, apresenta opções para todos os gostos em qualquer horário do dia ou da noite, como a rua Avanhandava, no centro, e a Arena Food Truck, na zona norte.
- **Turismo**. Nesse segmento, merecem destaque as viagens de férias, formatura e ecoturismo. Há ainda empresas que se especializam em grupos segmentados (por exemplo, idosos, solteiros etc.).

Empreendedor social

Na iniciativa privada, devemos dar destaque ainda a ações de empreendedorismo social, que vêm mudando o cenário de muitas comunidades em razão do processo de empoderamento dinamizado por essa lógica.

O empreendedor social aponta tendências e traz soluções inovadoras para problemas sociais e ambientais recorrentes no país, seja por enxergar um problema que ainda não é reconhecido pela sociedade e/ou por vê-lo por uma perspectiva diferenciada. Por meio da sua atuação, ele acelera o processo de mudanças e inspira outros atores a se engajarem em torno de uma causa comum. Ações de empreendedorismo social podem ser encontradas em instituições ou fundações, como a Fundação Gol de Letra[12] ou a Fundação Cafu,[13] por exmplo.

Estas instituições são criadas pela iniciativa privada de um empreendedor social, porém passam a ser identificadas como integrantes do campo do Terceiro Setor (porque acabam sendo também oriundas da sociedade civil e de utilidade pública).

TERCEIRO SETOR

O Terceiro Setor é representado por todas as iniciativas privadas de utilidade pública oriundas da própria sociedade civil. No senso comum, há uma associação direta entre Terceiro Setor e instituições sem fins lucrativos. Pode, portanto, ser definido como o setor composto pelo conjunto de entidades que tenham como objetivo e finalidade o desenvolvimento de ações voltadas ao bem comum.

Como exemplo de atuação no Terceiro Setor, podemos citar o Sistema S, expressão que designa um conjunto de instituições ligadas a categorias profissionais e voltadas a treinamento profissional, assistência social, consultoria e pesquisa, com raízes comuns e características organizacionais semelhantes.

12 Ver https://goldeletra.org.br/. Acesso em 19/6/2018.
13 Ver http://fundacaocafu.org.br/site/. Acesso em 19/6/2018.

Fazem parte do Sistema S o Serviço Nacional de Aprendizagem Comercial (Senac), o Serviço Social do Comércio (Sesc), o Serviço Nacional de Aprendizagem Industrial (Senai), o Serviço Social da Indústria (Sesi), o Serviço Nacional de Aprendizagem Rural (Senar), o Serviço Nacional de Aprendizagem do Transporte (Senat), o Serviço Social do Transporte (Sest), o Serviço Nacional de Aprendizagem do Cooperativismo (Sescoop) e o Serviço Brasileiro de Apoio às Micro e Pequenas Empresas (Sebrae). Criadas a partir de 1940, privadas e administradas por entidades patronais, essas instituições são mantidas por contribuições definidas na Constituição Federal de 1988.

As ações do Sesc voltadas a lazer, recreação e esporte constituem um conhecido exemplo de atuação no Terceiro Setor. A instituição, que tem unidades em todos os estados brasileiros, oferece serviços e atendimento de qualidade a diversos públicos por meio de programas como os descritos a seguir.

- **Turismo social:** lazer de baixo custo, integração interpessoal, enriquecimento cultural, educacional e histórico, desenvolvimento integral da saúde.
- **Esporte:** 27 modalidades esportivas e 14 atividades físicas com uma infraestrutura de centenas de ginásios, piscinas, salas de ginástica, campos de futebol e quadras de esporte, além dc pistas de atletismo, de patins e *skate*, bem como canchas de bocha e malha.

- **Recreação:** atividades esportivas, festas populares, brincadeiras infantis, confraternizações, aulas de xadrez.
- **Férias no Sesc:** destinos e paisagens (estâncias ecológicas e ecoturismo, serra, praias e litoral, grandes capitais, cidades históricas).
- **Projetos:** Brincando nas Férias, Sesc Verão, Sesc Triathlon, Dia do Desafio, iniciação esportiva, avaliação física.
- **Parcerias:** por exemplo, com a Organização Internacional de Turismo Social (OITS), com sede na Bélgica, e com o Instituto Inatel (inicialmente, Fundação Nacional para a Alegria no Trabalho ou FNAT), com sede em Portugal e que viabiliza hospedagem no Sesc aos clientes do Inatel e vice-versa.
- **Move Brasil:** parcerias com ministérios (do Esporte e da Saúde) e com entidades como Associação Cristã de Moços (ACM), Atletas pela Cidadania, Autoridade Pública Olímpica (APO) e Associação Internacional de Esporte e Cultura (ISCA), para reforçar ao público a importância do esporte e da atividade física em todas as idades.

Outros exemplos de atuação no Terceiro Setor são apresentados a seguir.

- **Instituto Esporte & Educação**,[14] organização social que presta serviços em diversos equipamentos públicos voltados para o atendimento da demanda por lazer físico-esportivo e recreativo.
- **Vocação (antigamente Ação Comunitária do Brasil)**,[15] que desde a década de 1960 atua em grupos sociais vulneráveis – na educação (crianças e adolescentes), na capacitação de jovens e em sua inserção no mercado de trabalho e junto a empresas que queiram desenvolver ações sociais. Em vários de seus projetos, a Vocação utiliza-se das práticas de lazer para sensibilização e conscientização de crianças, adolescentes e jovens.
- **Associação Comunitária Monte Azul**,[16] que desenvolve um trabalho de promoção do desenvolvimento integral do ser humano. Na Associação, o lazer passa não só como promoção de qualidade de vida mas também como forma de renda, uma vez que as comunidades realizam um trabalho de artesanato, principalmente com bonecas de pano.
- **Sarau da Cooperifa**, evento literário realizado semanalmente desde 2001 na periferia da zona sul de São Paulo. O lazer nesse movimento passa pela afirmação

14 Ver http://esporteeducacao.org.br/?q=quemsomos. Acesso em 21/6/2018.
15 Ver https://www.vocacao.org.br/. Acesso em 21/6/2018.
16 Ver https://www.monteazul.de/pt-br/quem-somos/. Acesso em 21/6/2018.

de cidadania de pessoas que muitas vezes se veem excluídas da "cultura erudita" e que tomaram para si os rumos de sua cultura e seu lazer (HAAS, 2014).

- **Passatempo educativo,**[17] OSC que atua no desenvolvimento de projetos nas áreas educacional, cultural, de preservação ambiental e de desenvolvimento do turismo sustentável.

17 Ver http://www.passatempoeducativo.org.br/. Acesso em 21/6/2018.

[RELEMBRE]

Neste capítulo, você teve acesso ao perfil do profissional de lazer requisitado pelo mercado de trabalho. Foram mostrados exemplos de campos de atuação profissional no setor público, no privado e no Terceiro Setor.

Atividade 1

Em sua região, identifique as iniciativas privadas que incidem sobre o lazer da população. Faça uma lista. Por exemplo: bares, restaurantes, clubes, casas noturnas, pesqueiros etc.

Atividade 2

Em sua cidade, seu estado ou sua região, observe se há iniciativas de organizações do Terceiro Setor que ofereçam atividades de lazer. Caso haja, procure descrever o que a instituição oferece. Elabore a partir daí um roteiro de perguntas sobre o programa encontrado, para ser enviado aos responsáveis. Faça um contato, verifique a possibilidade de enviar o roteiro e discuta com seus colegas.

PARA REFLETIR

Direito social inalienável, o lazer permanence como um fenômeno da Modernidade. Contraposto ao tempo de trabalho, dá-se em um tempo de não trabalho e, como resultado de lutas e reivindicações que ocorreram durante mais de dois séculos, passa a ser remunerado.

O trabalho é o elemento estruturante da sociedade, e é no mercado laboral que o sujeito encontra, por meio do processo de produção, o rendimento necessário à sua reprodução social, viabilizada pelo acesso ao consumo e aos serviços sociais mercantilizados (saúde, educação, transporte, habitação, lazer etc.). Esse acesso, no entanto, não se dá de maneira igual, uma vez que a distribuição de renda se faz de forma desigual.

Se outrora lutou-se por melhores condições de trabalho, hoje a situação é inversa em consequência da falta dele. Observam-se relações precárias, muitas vezes nos casos de pessoas que exercem atividade autônoma. Nas situações em que não há descanso semanal remunerado ou férias remuneradas, o impasse se interpõe: como fica o tempo de não trabalho?

Uma publicação de 1999 chamada *Manifesto contra o trabalho* afirma que a riqueza social é o tempo disponível para o desenvolvimento de atividades livres. De acordo com o manifesto, na sociedade moderna o homem depende do tempo de trabalho para poder gozar de um tempo para as demais atividades. Ainda segundo essa publicação, o homem orgulha-se de sua condição de trabalho e despreza ou mesmo parece desconhecer o grau alienante de sua atividade. Seus anseios não são para sair de tal condição, mas para que a distribuição do trabalho seja igual a todos, uma vez que *todos deveriam trabalhar*.

A centralidade do trabalho na vida do ser humano não é questionada; entretanto, uma rápida pesquisa no tempo e nas atividades do indivíduo pode fazer entender a necessidade de um tempo para uma vivência lúdica. Se perguntada, nem sempre uma pessoa identifica de forma expressa suas atividades de lazer. Pode até dizer que não realiza essas práticas. No entanto, todos vivenciam um tempo que lhes é possibilitado para o descanso e o prazer e, muitas vezes, para o desenvolvimento intelectual.

Na sociedade contemporânea, podem-se observar alguns aspectos do modo como o lazer se instaura como parte de um mercado consumidor. Vivemos um significativo processo de alteração da economia de produção de bens para a economia de prestação de serviços, o que implica nova relação com as vivências do lazer. Sem julgamento de valor, tem-se a indústria cultural se apropriando de atividades de lazer e vendendo-as como produtos. Estratégias sofisticadas de *marketing* criam necessidades de consumo, estabelecendo novos padrões de vida que impactam diretamente as relações do homem com o trabalho e o lazer.

Vemos nessa estratégia globalizada uma pretensa homogeneização de produtos de lazer, que podem ser consumidos nos quatro cantos do mundo. E, em contrapartida, um certo acirramento das diferenças culturais locais, reacendendo uma questão identitária nessas culturas.

Temos, assim, um lazer que pode ser dito de consumo imediato e que normalmente não gera um esforço maior no desenvolvimento intelectual. E, na outra ponta, um lazer que o renomado geógrafo brasileiro Milton Santos, em um Congresso de Lazer realizado pelo Sesc, em 2000, diria genuíno: nasce nas comunidades locais, despertando a consciência daqueles que o vivenciam, e busca ser pleno de significados para os sujeitos, pretendendo de certa maneira afrontar esse lazer formatado, levando o indivíduo à reflexão de sua condição e de sua cultura.

Deve-se observar que não temos um lazer melhor ou pior; temos opções diferenciadas e um campo maior de atuação para o profissional que vai se debruçar sobre esse objeto, como vimos no decorrer do livro. Trata-se de compreender que há um lazer de consumo, que movimenta hoje uma rede de trabalho no setor de serviços, promovendo a inclusão de sujeitos no mercado de trabalho. Além disso, pode-se observar também uma rede de lazeres que promovem um posicionamento mais reflexivo quanto à realidade em que se inserem.

A casa é hoje um dos mais importantes espaços de lazer. Reflexo do crescimento desordenado, diversos dos grandes equipamentos públicos de lazer se concentram nas áreas mais centrais das cidades. Empurrados para as periferias, muitos trabalhadores vão deixando os lugares de melhor acesso a bens e serviços para pessoas de renda mais elevada, que acabam por usufruir mais das oportunidades de lazer oferecidas.

Como resultado desse desordenamento e de políticas públicas insuficientes, os bairros mais afastados do centro possuem uma carência de espaços públicos para convívio e lazer. Em um país de marcadas desigualdades sociais, reivindicar por espaços e tempo para a vivência do lazer parece um pouco fora de foco.

Mas mesmo nesses casos o lazer acontece à revelia da vontade política, efetivando-se em práticas consideradas simples, como um churrasco na laje, um baile na garagem, um bate-e-volta à praia em um domingo de sol, uma excursão organizada entre um grupo de amigos. Ações de OSCs também vêm favorecendo espaços de lazer comunitários, em locais muitas vezes desprovidos de qualquer infraestrutura.

Partimos do conceito de lazer como práticas culturais realizadas voluntariamente, em tempo e espaço específicos, condicionadas por obrigações sociais, as quais podem contribuir para a formação e a transformação social e cultural dos sujeitos. No sentido contrário, o lazer pode também ser utilizado como instrumento de controle social e mercantilização do tempo, desprovendo-o assim de sua condição emancipatória. A fragmentação de ações no campo das atividades de lazer por parte do setor púbico e do privado pode tirar do lazer essa condição de promoção do desenvolvimento social e cultural dos sujeitos.

Segundo Lefebvre (2011), no processo de urbanização e industrialização, a centralidade da sociedade urbana desloca-se de seu duplo aspecto de "lugar de consumo e consumo do lugar" para uma "centralidade lúdica". Nesse processo, argumenta o autor, o lazer configura-se como importante elemento no cotidiano urbano industrial e também na esfera do consumo, não apenas por seu "valor de troca", mas por seu valor de uso, que pode subverter a lógica do consumo e auxiliar na alteração do *status quo*.

Alguns autores do campo dos estudos do lazer, como Dumazedier, Camargo e Requixa, sugerem que, em razão do avanço tecnológico, uma possível civilização do lazer induziria a um maior tempo livre. Em vez disso, vemos esses avanços levando mais e mais os trabalhadores a jornadas para além do espaço de trabalho. Não raro, voltam para casa com seus dispositivos móveis que lhes possibilitam estar conectados ao trabalho 24 horas por dia. Assim, o tempo livre já não mais se apresenta; está condicionado e atingido pelo tempo de trabalho. Outro aspecto a ser ressaltado é que um aumento do desemprego e, por consequência, do tempo desocupado não pode ser confundido com tempo livre.

Tempo livre para aprender

Vers une civilisation du loisir?, livro do sociólogo francês Joffre Dumazedier que fazia uma pergunta sobre caminharmos para uma civilização do lazer, ou seja, questionava a efetiva possibilidade de avançarmos para um tempo em que o lazer faria parte significativa de nossa vida, foi publicado no Brasil sob o título *Lazer e cultura popular*. Com a tradução, perdeu-se o questionamento sobre essa pretensa "civilização do lazer".

Sugestão de Livros

DUMAZEDIER, Joffre. *Lazer e cultura popular*. 4ª ed. São Paulo: Perspectiva, 2004.

DUMAZEDIER, Joffre. *Vers une civilisation du loisir?* Paris: Éditions du Seuil, 1962.

Direito social que deve ser assegurado, o lazer se transformou em um fenômeno paradoxal. Por um lado, é subproduto do trabalho e mercantilizado; por outro, constitui uma necessidade humana fundamental. Apenas o tempo de lazer pode promover esse sentimento lúdico, inerente ao ser humano e fundamental para o exercício de sua humanidade. Cabe saber se o tempo de trabalho não impedirá as possibilidades emancipatórias do tempo de não trabalho, tornando-o incapaz de converter-se em um tempo de exercício do lúdico, em um momento vivido e dotado de sentido e significado.

Outro risco para o tempo livre seria a institucionalização do lazer por parte do poder público, uma vez que passaria a ser a negação do ócio e poderia ser utilizado como controle contra formas patológicas do uso do tempo de lazer. A compreensão desse uso se torna de fundamental importância para que sejam estabelecidos programas e ações que promovam o lazer como direito social e emancipatório. Questiona-se, no entanto, se os lazeres da atualidade, na forma como estão constituídos – contrapostos ao tempo de trabalho –, terão esse poder.

REFERÊNCIAS

ADOLESCENTES E JOVENS NO BRASIL: participação social e política. São Paulo: Unicef/Fundação Itaú Social/Instituto Ayrton Senna, 2007. Disponível em http://www.unicef.org/brazil/pt/voz2007.pdf. Acesso em 17/6/2018.

ADORNO, T. W. *Indústria cultural e sociedade.* 4ª ed. Rio de Janeiro: Paz e Terra, 2002.

______ & HORKHEIMER, M. *Dialética do esclarecimento.* Rio de Janeiro: Zahar, 1985.

ARIÈS, Philippe. *História social da criança e da família.* Rio de Janeiro: LCT, 1981.

ASSOCIAÇÃO PORTUGUESA PARA O DESENVOLVIMENTO DA ANIMAÇÃO SOCIOCULTURAL. *Estatuto do Animador Sociocultural.* S/l.: APDASC, 2010. Disponível em http://www.apdasc.com/pdf/estatuto_animador_socio culturall.pdf. Acesso em 21/6/2018.

BRASIL. *Lei nº 8.609, de 13 de julho de 1990. Dispõe sobre o Estatuto da Criança e do Adolescente e dá outras providências.* Brasília, 16/6/1990. Disponível em http://www.planalto.gov.br/ccivil_03/leis/L8069Compilado.htm. Acesso em 12/12/2015.

BRASIL. *Lei nº 10.741, de 1º de outubro de 2003. Dispõe sobre o Estatuto do Idoso e dá outras providências.* Brasília, 3/10/2003. Disponível em http://www.planalto.gov.br/ccivil_03/leis/2003/l10.741.htm. Acesso em 12/12/2015.

CAILLOIS, R. *Os jogos e os homens*. Lisboa: Cotovia, 1990.

CALDEIRA, T. P. R. *Cidade de muros: crime, segregação e cidadania em São Paulo*. São Paulo: Edusp, 2000.

CARVALHO, C. "Em São Caetano do Sul, projeto Casa Dia do Idoso é modelo de cuidado com os mais velhos". Em *O Globo*, Rio de Janeiro, 4/10/2011.

CLASTRES, P. *A sociedade contra o Estado*. São Paulo: Cosac Naify, 2012.

DA MATTA, R. *Carnavais, malandros e heróis: para uma sociologia do dilema brasileiro*. Rio de Janeiro: Rocco, 1997.

DE GÁSPARI, J. C. & SCHWARTZ, G. M. "O idoso e a ressignificação emocional do lazer". Em *Psicologia: teoria e pesquisa*, 21 (1), jan.-abr. de 2005. Disponível em http://www.scielo.br/pdf/ptp/v21n1/a10v21n1.pdf. Acesso em 14/6/2018.

DE MASI, D. *O ócio criativo*. 2ª ed. Rio de Janeiro: Sextante, 2000.

DUMAZEDIER, J. *Sociologia empírica do lazer*. 2ª ed. São Paulo: Perspectiva, 2004.

______. *Valores e conteúdos culturais do lazer*. São Paulo: Sesc, 1980.

ECO, U. *O nome da rosa*. Rio de Janeiro: Record, 2009.

FERREIRA, A. *Lazer operário: um estudo de organização social das cidades*. Salvador: Progresso, 1959.

FERREIRA, A. B. H. *Dicionário Aurélio da língua portuguesa.* 5ª ed. Curitiba: Positivo, 2010.

GALEANO, E. *Trilogia memórias do fogo: I. Os nascimentos, II. As caras e as máscaras, III. O século do vento.* São Paulo: L&PM, 2013.

GATTAI, Z. *Anarquistas, graças a Deus.* São Paulo: Companhia das Letras, 2009.

HAAS, C. *Cooperifa 12 anos: a Academia de Letras da periferia*, 2014. Disponível em http://www.globaleditora.com.br/noticias/cooperifa-12-anos-a-academia-de-letras-da-periferia/. Acesso em 6/4/2016.

HUIZINGA, J. *Homo ludens.* 5ª ed. São Paulo: Perspectiva, 2008.

JOGO do bicho. *História. Jogo do bicho – o jogo mais popular do Brasil.* Disponível em http://www.jogodobicho.net/. Acesso em 7/4/2016.

KINDERSLEY, B. & KINDERSLEY, A. *Crianças como você: uma emocionante celebração da infância no mundo.* São Paulo: Ática, 2009.

LACERDA, G. *Agir bem é bom: conversando sobre ética.* Rio de Janeiro: Senac Nacional, 2010.

LAFARGUE, P. *O direito à preguiça.* S.l.: eBooksBrasil, 1999. e-Book. Disponível em http://www.ebooksbrasil.org/eLibris/direitopreguica.html. Acesso em 21/6/2018.

LEFEBVRE, H. *O direito à cidade.* São Paulo: Centauro, 2011.

LOPES, M. S. "A animação sociocultural em Portugal". Em *Animador Sociocultural: Revista Iberoamericana*, 1 (1), out. de 2006-fev. de 2007. Disponível em http://biblioteca.esec.pt/cdi/ebooks/docs/LOPES_Animacao.pdf. Acesso em 12/10/2015.

MAFFESOLI, M. *O tempo das tribos*. 4ª ed. Rio de Janeiro: Forense, 2006.

MAGNANI, J. G. C. & SOUZA, B. M. de (orgs.). *Jovens na metrópole*. São Paulo: Terceiro Nome, 2007.

MANIFESTO contra o trabalho. Trad. de Heinz Dieter Heidemann; Claudio Duarte. São Paulo: USP/Laboratório de Geografia Urbana, 1999.

MARINGONI, G. "A longa jornada dos direitos trabalhistas". Em *IPEA. Desafios do desenvolvimento*, 10 (76), 2013. Disponível em http://www.ipea.gov.br/desafios/index.php?option=com_content&view=article&id=2909:catid=28&Itemid=23. Acesso em 7/4/2016.

MELO, V. A. de. *Lazer e minorias sociais*. São Paulo: Ibrasa, 2003.

Nações unidas no Brasil. *17 objetivos para transformar nosso mundo*. ONUBR. Disponível em https://nacoesunidas.org/pos2015/. Acesso em 21/6/2018.

ORGANIZAÇÃO INTERNACIONAL DO TRABALHO. *História*. Brasília: OIT/Escritório no Brasil, 2012. Disponível em http://www.oitbrasil.org.br/content/hist%C3%B3ria. Acesso em 12/10/2015.

PARO, V. H. P. Blog. Disponível em http://www.vitorparo.com.br/. Acesso em 12/10/2015.

PROJETO que promove acessibilidade na praia de Ondina é lançado. Em *Correio*, Salvador, 25/1/2014. Disponível emhttps://www.correio24horas.com.br/noticia/nid/projeto-que-promove-acessibilidade-na-praia-de-ondina-e-lancado/. Acesso em 21/6/2018.

RODRIGUES, M.; DIMITRIOS, Y.; LIMA, V. 1, 2, 3 SLAM da *Guilhermina: batalha de poesias completa três anos na Zona Leste*. São Paulo, 9/3/2015. Disponível em http://vaidape.com.br/2015/03/123-slam-da-guilhermina-batalha-de-poesias-completa-tres-anos-na-zona-leste/. Acesso em abril de 2016.

SACHS, I. *Caminhos para o desenvolvimento sustentável*. Rio de Janeiro: Garamond, 2002.

SANDEVILLE, E. & ANGILELI, C. "Paisagem e lazer: representações da metrópole (para os brasileiros de Brasilândia)". Em *OLAM: Ciência & Tecnologia*, nº 7, Rio Claro, 2006. Disponível em http://www.espiral.fau.usp.br/e-arquivos/e- publicacoes/2005brasilandia.pdf. Acesso em janeiro de 2018.

SÃO PAULO. Prefeitura. *Programa Valorização das Iniciativas de Cultura (VAI)*. São Paulo, 2016. Disponível em http://www.prefeitura.sp.gov.br/cidade/secretarias/cultura/noticias/?p=19470. Acesso em 2/2/2016.

URRY, J. *O olhar do turista.* 3ª ed. São Paulo: Nobel, 1999.

VICENTINO, C. & DORIGO, G. *História geral e do Brasil.* 2ª ed. São Paulo: Scipione, 2013.

WEBER, M. *A ética protestante e o espírito do capitalismo.* 4ª ed. São Paulo: Martin Claret, 2009.

ÍNDICE GERAL

Rosana Fernandes dos Santos é empresária no ramo da gastronomia. Mestre em filosofia pelo Programa de Estudos Culturais da Universidade de São Paulo (USP), abordando a gastronomia como possibilidade de manutenção de cultura, e graduada em lazer e turismo pela USP. Tem como elementos de discussão e pesquisa as implicações do trabalho informal no tempo de lazer de imigrantes em São Paulo e a utilização de sua gastronomia como possibilidade de lazer e renda.

Reinaldo Pacheco é professor no bacharelado em lazer e turismo e no Programa de Mestrado em Ciências da Atividade Física da USP. Doutor e mestre em educação, abordando as políticas públicas de educação e o lazer, e graduado em ciências sociais pela USP. É também especialista em lazer pela Universidade Estadual de Campinas (Unicamp). Na defesa do direito ao lazer, tem discutido o uso público em parques urbanos e a participação da população na gestão. Acompanha com profundo interesse o poder de mudança social engendrado pelas organizações sociais no campo do lazer e da educação não formal.